「イミがわからない…」

がなくなる!

こども

読《どっ》解《かい》力《りょく》

齋藤 孝

KADOKAWA

はじめに

「新《あたら》しい学力《がくりょく》」という言葉《ことば》を聞《き》いたことがあるかな？
2020年《ねん》から「新《あたら》しい学力《がくりょく》」をスローガンに、小学校《しょうがっこう》・中学校《ちゅうがっこう》の教育改革《きょういくかいかく》が進《すす》んでいるんだ。
「新《あたら》しい学力《がくりょく》」には、思考《しこう》・判断《はんだん》・表現《ひょうげん》という三本柱《さんぼんばしら》があるよ。つまり、自分《じぶん》で考《かんが》えて判断《はんだん》して表現《ひょうげん》する力《ちから》を身《み》につけるのが、「新《あたら》しい学力《がくりょく》」なんだね。

じゃあ、何《なに》を、どう考《かんが》えて判断《はんだん》するか。その時《とき》に大事《だいじ》なのが、目《め》の前《まえ》で何《なに》が起《お》きているのかを読《よ》み解《と》くこと。これが「読解力《どっかいりょく》」だね。そのために、まずは文章《ぶんしょう》に書《か》かれていることを読《よ》み解《と》く力《ちから》を身《み》につけようということで、この本《ほん》ができたんだ。

文章《ぶんしょう》を読《よ》むときには、書《か》かれていることを読《よ》み取《と》るのはもちろんだけど、その前《まえ》に何《なに》があったのかを想像《そうぞう》したり、そのあとに何《なに》が起《お》こりそうかを予測《よそく》したりするのも大事《だいじ》だよね。

これは、日常生活《にちじょうせいかつ》でも同《おな》じ。仲《なか》のいい友《とも》だちが元気《げんき》がなさそ

うなとき、「何《なに》があったんだろう」「どうしたのかな」と想像《そうぞう》するよね。これも「読解力《どっかいりょく》」のひとつ。

「読解力《どっかいりょく》」は、国語《こくご》の勉強《べんきょう》だけじゃなく、生活《せいかつ》にも人生《じんせい》にも大《たい》切《せつ》な力《ちから》なんだよ。

この本《ほん》では、どうやって文章《ぶんしょう》を読《よ》み解《と》くのかがわかるように、色《いろ》を付《つ》けたり線《せん》を引《ひ》いたり、印《しるし》を付《つ》けているよ。その印《しるし》がキミを導《みちび》いてくれるから、ただ文字《もじ》を読《よ》むだけじゃなくて、自分《じぶん》でも「どうしてこんなことを言《い》うんだろう」「これは何《なに》を言《い》いたいんだろう」と考《かんが》えながら読《よ》んでみよう。

また、文章《ぶんしょう》の内容《ないよう》を図《ず》にしているから、文字《もじ》を読《よ》むだけではモヤモヤしていたことが、スッキリわかるようになるよ。

図《ず》を見《み》て、「これが言《い》いたかったんだ」とか「これとこれを対《たい》比《ひ》させていたんだ」とわかったら、もう一度《いちど》、文章《ぶんしょう》を読《よ》んでみよう。そうすれば、前《まえ》より深《ふか》く読解《どっかい》することができるね。

さあ、楽《たの》しい名文《めいぶん》の世界《せかい》へ足《あし》を踏《ふ》み出《だ》そう！

はじめに……2
この本《ほん》の使《つか》い方《かた》……6

第《だい》1章《しょう》
近《きん》代《だい》文《ぶん》学《がく》を読《よ》んでみよう!

近代文学《きんだいぶんがく》❶ キャラクターを理解《りかい》しよう
『坊《ぼ》っちゃん』夏目漱石《なつめそうせき》……8
近代文学《きんだいぶんがく》❷ 人物《じんぶつ》の考《かんが》えを理解《りかい》しよう
『草枕《くさまくら》』夏目漱石《なつめそうせき》……12
近代文学《きんだいぶんがく》❸ 対比的《たいひてき》なAとBを比較《ひかく》しよう
『夏目漱石《なつめそうせき》の手紙《てがみ》』夏目漱石《なつめそうせき》……16
近代文学《きんだいぶんがく》❹ 詩《し》のテーマを読《よ》み取《と》ろう
『そぞろごと』与謝野晶子《よさのあきこ》……20
近代文学《きんだいぶんがく》❺ 気持《きも》ちの変化《へんか》を読《よ》み取《と》ろう
『走《はし》れメロス』太宰治《だざいおさむ》……22
近代文学《きんだいぶんがく》❻ 複雑《ふくざつ》な感情《かんじょう》を理解《りかい》しよう
『駈込《かけこ》み訴《うった》え』太宰治《だざいおさむ》……26
近代文学《きんだいぶんがく》❼ 他人《たにん》と自分《じぶん》はどう違《ちが》うか
『人間失格《にんげんしっかく》』太宰治《だざいおさむ》……30

コラム もっと知《し》りたい! 太宰治《だざいおさむ》の作品《さくひん》……33
近代文学《きんだいぶんがく》❽ 心《こころ》の矛盾《むじゅん》をとらえよう
『鼻《はな》』芥川龍之介《あくたがわりゅうのすけ》……34
近代文学《きんだいぶんがく》❾ 物語《ものがたり》の前後《ぜんご》の内容《ないよう》を考《かんが》えよう
『檸檬《れもん》』梶井基次郎《かじいもとじろう》……38
近代文学《きんだいぶんがく》❿ どこから何《なに》を見《み》ているのか?
『やまなし』宮沢賢治《みやざわけんじ》……42
コラム もっと知《し》りたい! 宮沢賢治《みやざわけんじ》の作品《さくひん》……45
近代文学《きんだいぶんがく》⓫ あわい恋心《こいごころ》を味《あじ》わおう
『たけくらべ』樋口一葉《ひぐちいちよう》……46
近代文学《きんだいぶんがく》⓬ 作者《さくしゃ》の主張《しゅちょう》を読《よ》み取《と》ろう
『陰翳礼讃《いんえいらいさん》』谷崎潤一郎《たにざきじゅんいちろう》……50
近代文学《きんだいぶんがく》⓭ 人間社会《にんげんしゃかい》のあるべき姿《すがた》とは?
『学問《がくもん》のすゝめ』福沢諭吉《ふくざわゆきち》……54

第《だい》2章《しょう》 中学入試《ちゅうがくにゅうし》の文章《ぶんしょう》を読《よ》んでみよう！

論説《ろんせつ》❶ 心《こころ》のエネルギーを節約《せつやく》してはいけない
『こころの処方箋《しょほうせん》』河合隼雄《かわいはやお》……58

論説《ろんせつ》❷ 若《わか》さには世界《せかい》を変《か》える力《ちから》がある
『何《なん》のために「学《まな》ぶ」のか』所収《しょしゅう》「学《まな》ぶことの根拠《こんきょ》」
小林康夫《こばやしやすお》……62

論説《ろんせつ》❸ 思《おも》い込《こ》みにしばられない
『「しがらみ」を科学《かがく》する―高校生《こうこうせい》からの社会心理学入門《しゃかいしんりがくにゅうもん》』山岸俊男《やまぎしとしお》……66

論説《ろんせつ》❹ 循環《じゅんかん》する命《いのち》への感謝《かんしゃ》と共感《きょうかん》
『ユーモアの鎖国《さこく》』石垣《いしがき》りん……70

論説《ろんせつ》❺ 大人《おとな》になるとはどういうことか
『友《とも》だち幻想《げんそう》』菅野仁《かんのひとし》……72

論説《ろんせつ》❻ 食《しょく》はアイデンティティである
『「食《た》べること」の進化史《しんかし》』石川伸一《いしかわしんいち》……76

論説《ろんせつ》❼ 個《こ》の差異《さい》を理解《りかい》し尊重《そんちょう》する
『対話《たいわ》をデザインする――伝《つた》わるとはどういうことか』細川英雄《ほそかわひでお》……78

論説《ろんせつ》❽ 脱《だつ》システムという批評性《ひひょうせい》
『新《しん》・冒険論《ぼうけんろん》』角幡唯介《かくはたゆうすけ》……82

コラム 「評論文《ひょうろんぶん》・論説文《ろんせつぶん》によく出《で》てくる言葉《ことば》」……85

論説《ろんせつ》❾ 子供《こども》の描《か》く絵《え》は大人《おとな》には描《か》けない
『感性《かんせい》は感動《かんどう》しない』所収《しょしゅう》「子供《こども》の絵《え》」椹木野衣《さわらぎのい》……86

論説《ろんせつ》❿ 人間《にんげん》の時間《じかん》と虫《むし》の時間《じかん》のちがい
『昆虫《こんちゅう》という世界《せかい》―昆虫学入門《こんちゅうがくにゅうもん》』日高敏隆《ひだかとしたか》……90

論説《ろんせつ》⓫ 経済《けいざい》と脱経済《だつけいざい》のちがいとは何《なに》か
『うしろめたさの人類学《じんるいがく》』松村圭一郎《まつむらけいいちろう》……92

小説《しょうせつ》⓬ 人生《じんせい》を変《か》えるような出会《であ》いの瞬間《しゅんかん》
『約束《やくそく》』所収《しょしゅう》「夕日《ゆうひ》へ続《つづ》く道《みち》」石田衣良《いしだいら》……96

小説《しょうせつ》⓭ 人《ひと》との出会《であ》いによって人《ひと》は変《か》わっていく
『君《きみ》たちは今《いま》が世界《すべて》』朝比奈《あさひな》あすか……100

小説《しょうせつ》⓮ 相反《あいはん》する感情《かんじょう》をくみとる
『蜜蜂《みつばち》と遠雷《えんらい》』恩田陸《おんだりく》……102

小説《しょうせつ》⓯ 主人公《しゅじんこう》の成長《せいちょう》の過程《かてい》を追《お》う
『城《しろ》のなかの人《ひと》』所収《しょしゅう》「三成《みつなり》」星新一《ほししんいち》……106

おわりに……110

ブックデザイン―菊池祐（ライラック）
イラスト――さち
ＤＴＰ――今住真由美（ライラック）
編集協力――佐藤恵

この本《ほん》の使《つか》い方《かた》

オレンジ色《いろ》の解説《かいせつ》は、文法的《ぶんぽうてき》なことや、文章《ぶんしょう》を読《よ》むときの約束事《やくそくごと》など、読解《どっかい》の基本《きほん》だよ。自分《じぶん》で読《よ》むときもチェックできるようにしておこう。

これは、読解《どっかい》のテーマ。しっかり頭《あたま》に入《い》れて、文章《ぶんしょう》を読《よ》んでみよう！

次《つぎ》のページで、文章《ぶんしょう》の内容《ないよう》を図《ず》にしているよ。図《ず》になっていると、難《むずか》しいテーマも頭《あたま》に入《はい》りやすいね！

＋

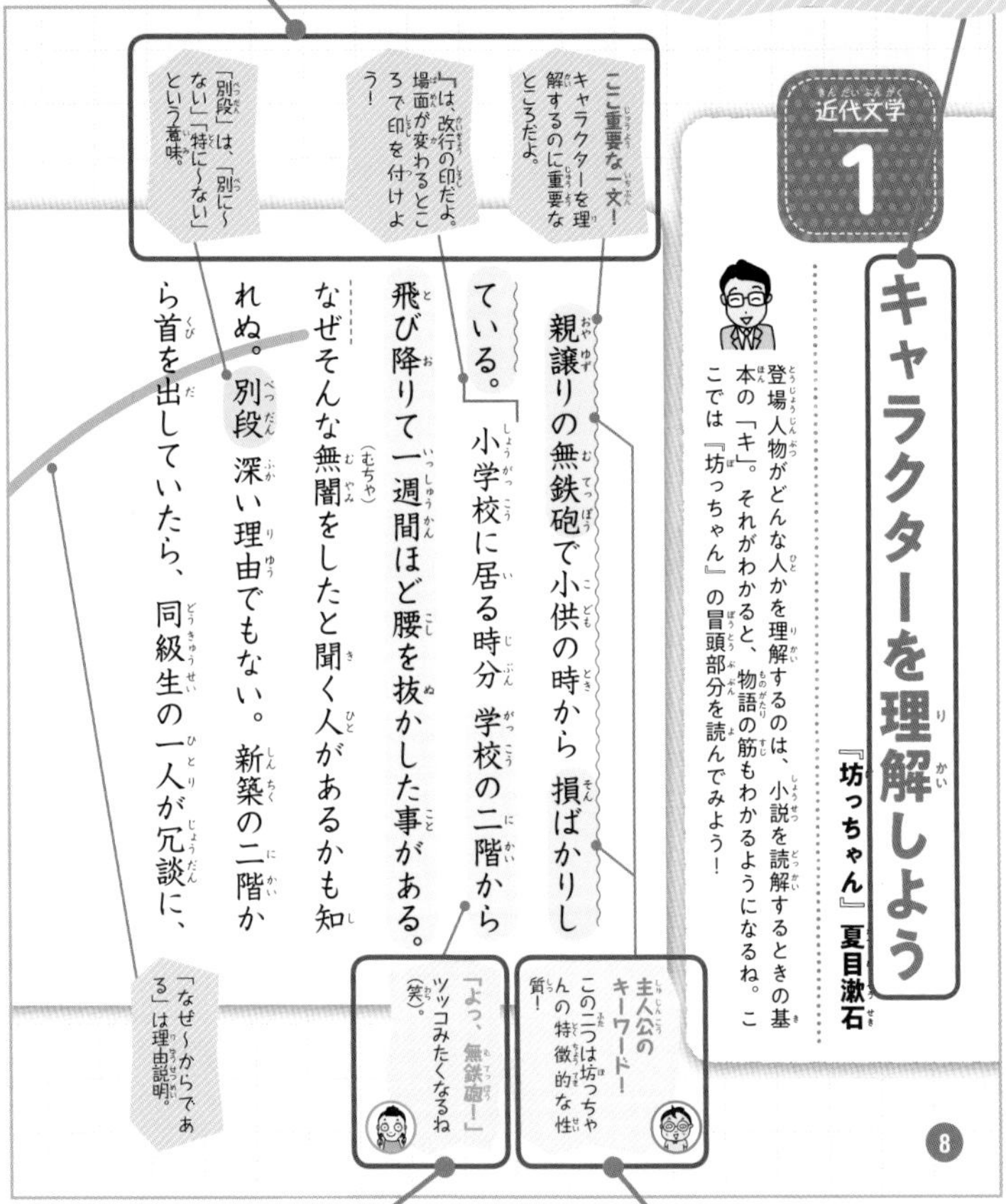

緑《みどり》の解説《かいせつ》は、つい笑《わら》っちゃうようなおもしろいところや、「えっ!?」と不思議《ふしぎ》に思《おも》うところ。そういうところを読《よ》み取《と》るのも大事《だいじ》だよ！

青《あお》の解説《かいせつ》は、読解《どっかい》のポイント！文《ぶん》と文《ぶん》のつながり（文脈《ぶんみゃく》）をどう読《よ》み解《と》くか、論理《ろんり》がどう展開《てんかい》しているかを解説《かいせつ》しているよ。

第《だい》1章《しょう》

近《きん》代《だい》文《ぶん》学《がく》を読《よ》んでみよう！

近代文学《きんだいぶんがく》
1

キャラクターを理解《りかい》しよう

『坊《ぼ》っちゃん』夏目漱石《なつめそうせき》

登場人物《とうじょうじんぶつ》がどんな人《ひと》かを理解《りかい》するのは、小説《しょうせつ》を読解《どっかい》するときの基《き》本《ほん》の「キ」。それがわかると、物語《ものがたり》の筋《すじ》もわかるようになるね。ここでは『坊《ぼ》っちゃん』の冒頭部分《ぼうとうぶぶん》を読《よ》んでみよう！

ここ重要《じゅうよう》な一文《いちぶん》！ キャラクターを理《り》解《かい》するのに重要《じゅうよう》なところだよ。

「は、改行《かいぎょう》の印《しるし》だよ。場面《ばめん》が変《か》わるところで印《しるし》を付《つ》けよう！

「別段《べつだん》」は、「別《べつ》に〜ない」「特《とく》に〜ない」という意味《いみ》。

親譲《おやゆず》りの無鉄砲《むてっぽう》で小供《こども》の時《とき》から損《そん》ばかりしている。

小学校《しょうがっこう》に居《い》る時分《じぶん》学校《がっこう》の二階《にかい》から飛《と》び降《お》りて一週間《いっしゅうかん》ほど腰《こし》を抜《ぬ》かした事《こと》がある。なぜそんな無闇《むやみ》(むちゃ)をしたと聞《き》く人《ひと》があるかも知《し》れぬ。別段《べつだん》深《ふか》い理由《りゆう》でもない。新築《しんちく》の二階《にかい》から首《くび》を出《だ》していたら、同級生《どうきゅうせい》の一人《ひとり》が冗談《じょうだん》に、

主人公《しゅじんこう》のキーワード！ この二《ふた》つは坊《ぼ》っちゃんの特徴的《とくちょうてき》な性質《せいしつ》！

「よっ、無鉄砲《むてっぽう》！」 ツッコみたくなるね（笑《わら》）。

「なぜ〜からである」は理由説明《りゆうせつめい》。

「いくら威張《いば》っても、そこから飛《と》び降《お》りる事《こと》は出来《でき》まい。弱虫《よわむし》やーい。」と囃《はや》したからである。小使《こづかい》に負《お》ぶさって帰《かえ》って来《き》た時《とき》、おやじが大《おお》きな眼《め》をして「二階《にかい》ぐらいから飛《と》び降《お》りて腰《こし》を抜《ぬ》かす奴《やつ》があるか」と云《い》ったから、「この次《つぎ》は抜《ぬ》かさずに飛《と》んで見《み》せます」と答《こた》えた。

会話《かいわ》には「」をつけよう。

「小使《こづかい》」は、「用務員《ようむいん》」という意味《いみ》だよ。

坊《ぼ》っちゃんは、こりてない!?
一度《いちど》痛《いた》いめにあったら、次《つぎ》は気《き》をつけようと思《おも》うのが普通《ふつう》だよね（笑《わら》）。

「バカにするなー！」という気持《きも》ち
友《とも》だちに「弱虫《よわむし》やーい」って言《い》われて、悔《くや》しかったんだね。

お父《とう》さんはもっと無鉄砲《むてっぽう》！
お父《とう》さんの方《ほう》が過激《かげき》（笑《わら》）。ここで、冒頭《ぼうとう》の「親譲《おやゆず》りの無鉄砲《むてっぽう》」の意味《いみ》がわかるね。

坊《ぼ》っちゃんって、頑固《がんこ》だけど、イヤな性格《せいかく》じゃなさそう。

無鉄砲《むてっぽう》で、過激《かげき》で、反省《はんせい》しない！おそるべし坊《ぼ》っちゃん親子《おやこ》。

「その人《ひと》らしさ」をあらわす言葉《ことば》に注目《ちゅうもく》！

「坊《ぼ》っちゃんだからすること＝他《ほか》の人《ひと》はしないこと」に注目《ちゅうもく》だよ！
たしかに、ボクならケガしたらやめるなー。

坊《ぼ》っちゃんは……

- 無鉄砲《むてっぽう》で損《そん》ばかりする
- 「弱虫《よわむし》」とからかわれたのがくやしくて、二階《にかい》から飛《と》び降《お》りた
- ケガをしたのに「次《つぎ》こそ！」と思《おも》っている

場面《ばめん》の変化《へんか》、会話文《かいわぶん》にチェック！

自分《じぶん》でわかればOK。記号《きごう》を決《き》めておこう！
印《しるし》を付《つ》けておくと、後《あと》から読《よ》み返《かえ》したときにもわかりやすい！

昔《むかし》の文章《ぶんしょう》は、改行《かいぎょう》が少《すく》なくて、会話文《かいわぶん》のカギカッコも付《つ》いていないことが多《おお》いんだ。

スムーズに読《よ》めるように、わかりやすい印《しるし》を付《つ》けておくといいよ。

おもしろポイントを見《み》つけよう！

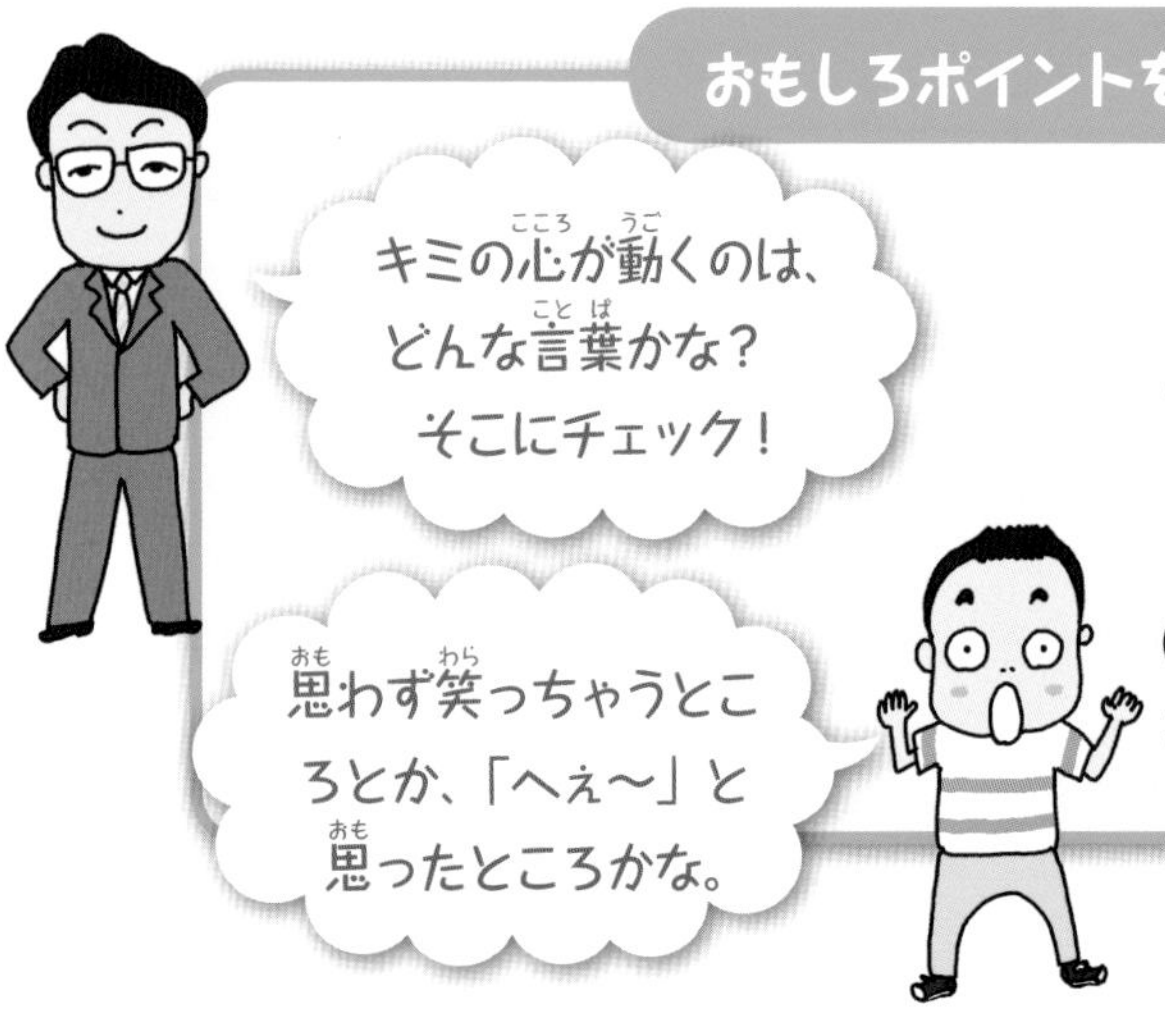
キミの心《こころ》が動《うご》くのは、どんな言葉《ことば》かな？ そこにチェック！
思《おも》わず笑《わら》っちゃうところとか、「へぇ〜」と思《おも》ったところかな。

本筋《ほんすじ》とは関係《かんけい》なくても、「おもしろい！」と思《おも》ったところにも、チェックを入《い》れておこう。

そうすれば、読書感想文《どくしょかんそうぶん》を書《か》くときの練習《れんしゅう》にもなるよね。☺のマークを描《か》いてもいいかもね！

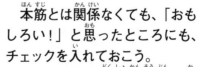

「坊《ぼ》っちゃん」の性格《せいかく》を整理《せいり》しよう！

いい面《めん》

- 勇気《ゆうき》がある
- 失敗《しっぱい》しても立《た》ち直《なお》る
- 負《ま》けん気《き》が強《つよ》い

↓ ということは……

- ●裏表《うらおもて》のない人《ひと》
- ●正義感《せいぎかん》がある
- ●ウソをつかない

悪《わる》い面《めん》

- やりすぎ
- 失敗《しっぱい》から学《まな》ばない
- 後先《あとさき》を考《かんが》えない

↓ ということは……

- ●単純《たんじゅん》
- ●すぐ興奮《こうふん》する
- ●勘違《かんちが》いしそう

「ということは……」と自分《じぶん》の言葉《ことば》で整理《せいり》するといいんだ！

「坊《ぼ》っちゃん」を朗読《ろうどく》してみよう！

声《こえ》に出《だ》して読《よ》んでみると、物語《ものがたり》のよさがとてもよくわかるよ。朗読《ろうどく》するときのポイントは三《みっ》つ。

1. **テンポよく読《よ》む**
2. **気持《きも》ちを乗《の》せて読《よ》む**
3. **頭《あたま》の中《なか》で情景《じょうけい》をイメージする**

小学生《しょうがくせい》といっしょに全文音読《ぜんぶんおんどく》したら6時間《じかん》でできたよ。

全部朗読《ぜんぶろうどく》できたら、達成感《たっせいかん》があるよね！

作品紹介《さくひんしょうかい》

『坊《ぼっ》ちゃん』

東京《とうきょう》から四国《しこく》に行《い》き、中学《ちゅうがっ》校《こう》の数学教師《すうがくきょうし》になった「坊《ぼ》っちゃん」。生徒《せいと》の嫌《いや》がらせにも真正面《ましょうめん》から立《た》ち向《む》かい、先生《せんせい》たちの不正《ふせい》を断固《だんこ》として許《ゆる》さず、自分《じぶん》の正義《せいぎ》を貫《つらぬ》く。やがて教師《きょうし》を辞《や》めて東京《とうきょう》に戻《もど》り、電車《でんしゃ》の技術者《ぎじゅつしゃ》になった。

作家紹介《さっかしょうかい》

夏目漱石《なつめそうせき》

東京帝国大学《とうきょうていこくだいがく》（今《いま》の東京大学《とうきょうだいがく》）の先生《せんせい》を辞《や》めて、小説《しょうせつ》を書《か》き始《はじ》めた。小説《しょうせつ》を発表後《はっぴょうご》、朝日新聞《あさひしんぶん》の専属《せんぞく》作家《さっか》となる。代表作《だいひょうさく》は『吾輩《わがはい》は猫《ねこ》である』『三四郎《さんしろう》』『こころ』など。「国民《こくみん》作家《さっか》」と呼《よ》ばれ、千円札《せんえんさつ》の肖像《しょうぞう》になったことも。

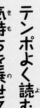

近代文学《きんだいぶんがく》
2

人物《じんぶつ》の考《かんが》えを理解《りかい》しよう

『草枕《くさまくら》』夏目漱石《なつめそうせき》

物語《ものがたり》に出《で》てくる人物《じんぶつ》が、何《なに》を考《かんが》えているか。小説《しょうせつ》は、論説文《ろんせつぶん》と違《ちが》って「〇〇〇について」とはっきり書《か》かれていないことが多《おお》いから、それを読《よ》み取《と》ることが必要《ひつよう》だね。これは読解《どっかい》の問題《もんだい》によく出《だ》されるから、ここでマスターしよう！

山路《やまみち》を登《のぼ》りながら、こう考《かんが》えた。

智《ち》に働《はたら》けば角《かど》が立《た》つ。情《じょう》に棹《さお》させば流《なが》される。意地《いじ》を通《とお》せば窮屈《きゅうくつ》だ。とかくに人《ひと》の世《よ》は住《す》みにくい。

住《す》みにくさが高《こう》じると、安《やす》い所《ところ》へ引《ひ》き越《こ》したくなる。どこへ越《こ》しても住《す》みにくいと悟《さと》っ

行先《ゆきさき》は？
「山路《やまみち》」を登《のぼ》って、どこに行《い》こうとしてるのかな？

人《ひと》づきあいに疲《つか》れた……
人《ひと》がたくさんいて、疲《つか》れちゃったのかな？

ここ重要《じゅうよう》な一文《いちぶん》！
主人公《しゅじんこう》の考《かんが》えを理《り》解《かい》するのに重要《じゅうよう》なところだよ。

"考《かんが》える主人公《しゅじんこう》"だね
何《なに》を考《かんが》えたのか、どう考《かんが》えたのか。ここからはじまるよ！

「智《ち》」「情《じょう》」「意地《いじ》」とは？
この内容《ないよう》については、15ページでくわしく説明《せつめい》するよ。

詩《し》や絵《え》が生《う》まれる理由《りゆう》?

「どこも住《す》みにくい」とわかったときに、「詩《し》」と「画《え》（絵《え》）」が生《う》まれる。……どうしてだろう？


「人《ひと》でなしの国《くに》」

そんな国《くに》、行《い》きたくない！ 主人公《しゅじんこう》はおもしろいことを考《かんが》えるね。


た時《とき》、詩《し》が生《うま》れて、画《え》が出来《でき》る。

人《ひと》の世《よ》を作《つく》ったものは神《かみ》でもなければ鬼《おに》でもない。やはり向《むこ》う三軒両隣《さんげんりょうどな》りにちらちらするただの人《ひと》である。ただの人《ひと》が作《つく》った人《ひと》の世《よ》が住《す》みにくいからとて、越《こ》す国《くに》はあるまい。あれば人《ひと》でなしの国《くに》へ行《い》くばかりだ。人《ひと》でなしの国《くに》は人《ひと》の世《よ》よりもなお住《す》みにくかろう。越《こ》す事《こと》のならぬ世《よ》が住《す》みにくければ、住《す》みにくい所《ところ》をどれほどか、寛容《くつろげ》て、束《つか》の間《ま》の命《いのち》を、束《つか》の間《ま》でも住《す》みよくせねばならぬ。ここに

住《す》みにくいけど、引《ひ》っ越《こ》せない！

だから、「住《す》みよくせねばならぬ（住《す》みやすくしなければならない）」と思《おも》っているんだ。

じゃあ……、
・どうしたら住《す》みやすくなるか
・住《す》みやすくするためには、何《なに》が必要《ひつよう》か

そっか！ 今《いま》のままでどうしたらいいか、主人《しゅじん》公《こう》は考《かんが》えているんだね。

「詩人《しじん》」「画家《がか》」が生《う》まれる理由《りゆう》は？
「どうしたら住《す》みやすくなるか？」を考《かんが》えるから。

詩人《しじん》という天職《てんしょく》が出来《でき》て、ここに画家《がか》という使命《しめい》が降《くだ》る。あらゆる芸術《げいじゅつ》の士《し》は人《ひと》の世《よ》を長閑《のどか》にし、人《ひと》の心《こころ》を豊《ゆた》かにするが故《ゆえ》に尊《たっ》とい。

これが結論《けつろん》！
「芸術家《げいじゅつか》は、住《す》みにくい人《ひと》の世《よ》をゆったりとさせ、人《ひと》の心《こころ》を豊《ゆた》かにする！」
6〜7行目《ぎょうめ》の「どこも住《す》みにくいと思《おも》ったときに詩《し》や絵《え》が生《う》まれる」とピッタリ合《あ》っているね。

主人公《しゅじんこう》が考《かんが》えたことは？

この世《よ》の中《なか》は、住《す》みにくい（生《い》きるのがたいへんだ）なあ。
でも、「人《ひと》でなしの国《くに》」はいやだし……。
▼
だったら、自分《じぶん》で生《い》きやすくするしかない。
▼
そのために必要《ひつよう》なのは、人《ひと》の心《こころ》を豊《ゆた》かにしてくれる芸術《げいじゅつ》。
▼
芸術《げいじゅつ》は、人《ひと》が生《い》きるために必要《ひつよう》なのだ！

生活《せいかつ》に芸術《げいじゅつ》を取《と》り入《い》れよう！ということだね。

主人公《しゅじんこう》は何者《なにもの》？

「生《い》きるために必要《ひつよう》なのは芸術《げいじゅつ》」ってことは……主人公《しゅじんこう》は芸術家《げいじゅつか》だね。

芸術家《げいじゅつか》が芸術《げいじゅつ》の意義《いぎ》を考《かんが》える物語《ものがたり》だよ！

作品《さくひん》紹介《しょうかい》
『草枕《くさまくら》』
画家《がか》である主人公《しゅじんこう》は、人間関係《にんげんかんけい》に疲《つか》れて温泉《おんせん》を旅《たび》している。その中《なか》で、不思議《ふしぎ》な魅力《みりょく》をもつ女性《じょせい》・那美《なみ》と出会《であ》う。ストレス社会《しゃかい》に生《い》きる人《ひと》たちに、芸術《げいじゅつ》に触《ふ》れるよさを伝《つた》える物語《ものがたり》になっている。

「智《ち》(知《ち》)」「情《じょう》」「意《い》」とは?

「情《じょう》に掉《さお》さす」の「掉《さお》さす」は、「流《なが》れに乗《の》って勢《いきお》いをつける」という意味《いみ》。「流《なが》れを止《と》める」という意味《いみ》ではないよ!

「掉《さお》さす」って勘違《かんちが》いしてた! ちゃんと覚《おぼ》えておこうっと。

1 「智《ち》(知《ち》)」は知性《ちせい》のことで、頭《あたま》のはたらき。頭《あたま》がよすぎると、人《ひと》とぶつかってしまう。

2 「情《じょう》」は感情《かんじょう》。人《ひと》に感情《かんじょう》をかたむけすぎると、流《なが》されてしまう。

3 「意《い》」は意志《いし》。本文《ほんぶん》では「意地《いじ》」だけど、本来《ほんらい》の「知情意《ちじょうい》」では「意志《いし》」のことなんだ。

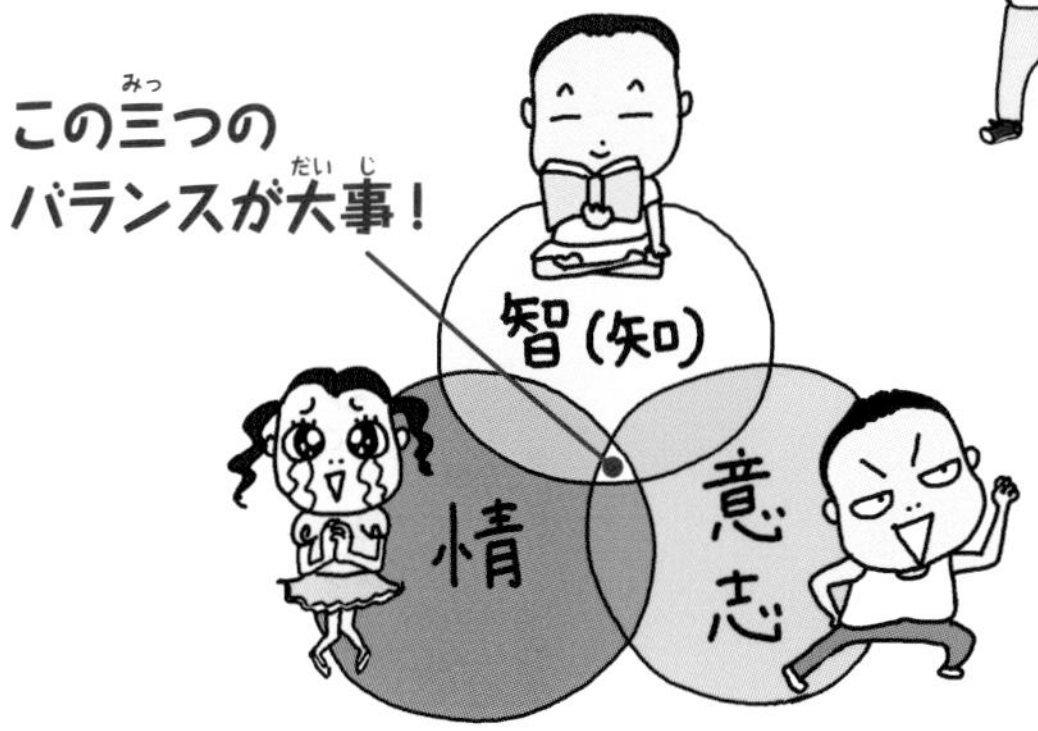

主人公《しゅじんこう》の考《かんが》えを図《ず》にすると?

人《ひと》の世《よ》は窮屈《きゅうくつ》で住《す》みにくい

↑

息《いき》ぬきが必要《ひつよう》

↑

温泉《おんせん》や芸術《げいじゅつ》はいいなあ

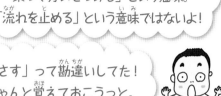

近代文学《きんだいぶんがく》

3

対比的《たいひてき》なAとBを比較《ひかく》しよう

『夏目漱石《なつめそうせき》の手紙《てがみ》』 夏目漱石《なつめそうせき》

夏目漱石《なつめそうせき》が、弟子《でし》である芥川龍之介《あくたがわりゅうのすけ》と久米正雄《くめまさお》にあてて書《か》いた手紙《てがみ》の一節《いっせつ》。AとBを比較《ひかく》して、どちらがいい（どちらが悪《わる》い）と述《の》べている文章《ぶんしょう》だね。何《なに》と何《なに》を比較《ひかく》しているかをしっかり読《よ》み取《と》ろう！

ここ重要《じゅうよう》な一文《いちぶん》！ 漱石《そうせき》がもっとも言《い》いたいことだよ。

この一文《いちぶん》で馬《うま》と牛《うし》を比較《ひかく》しながら読《よ》むことができる。

「不可せん」（3カ所《しょ》）は「いけません」と読《よ》むんだ。

牛《うし》になる事《こと》はどうしても必要《ひつよう》です。われわれはとかくⒶ馬《うま》になりたがるが、Ⓑ牛《うし》にはなかなかなり切《き》れないです。僕《ぼく》のような老猾《ろうかい》なものでも、ただいま牛《うし》と馬《うま》とつがって孕《はら》める事《こと》ある相《あい》の子《こ》位《くらい》な程度《ていど》のものです。あせっては不可《いけま》せん。頭《あたま》を悪《わる》くしては不可《いけま》せ

牛《うし》になることは難《むずか》しい?! じゃあ、どうすればいいか。それをこの後《あと》で教《おし》えてくれると予想《よそう》できるね。

人生経験《じんせいけいけん》が豊富《ほうふ》で、ちょっとずる賢《がしこ》いという意味《いみ》。自分《じぶん》を謙遜《けんそん》しているんだよ。

ここには「なぜなら」が省略《しょうりゃく》されているんだ。前《まえ》の三《みっ》つの文《ぶん》の理由《りゆう》を述《の》べるんだね。

ん。Ⓑ根気《こんき》ずくでお出《い》でなさい。世《よ》の中《なか》は根気《こんき》の前《まえ》に頭《あたま》を下《さ》げる事《こと》を知《し》っていますが、Ⓐ火花《ひばな》の前《まえ》には一瞬《いっしゅん》の記憶《きおく》しか与《あた》えてくれません。Ⓑうんうん死《し》ぬまで押《お》すのです。それだけです。決《け》してⒶ相手《あいて》を拵《こし》らえてそれを押《お》しちゃ不可《いけま》せん。相手《あいて》はいくらでも後《あと》から後《あと》からと出《で》て来《き》ます。そうしてわれわれを悩《なや》ませます。牛《うし》は超然《ちょうぜん》として押《お》して行《い》くのです。何《なに》を押《お》すかと

ここにも、「なぜなら」が省略《しょうりゃく》されているよ。

物事《ものごと》にこだわらないで、ゆうゆうとしている、という意味《いみ》。

牛《うし》より馬《うま》の方《ほう》が、カッコいいと思《おも》うんだけどなあ。

その考《かんが》えがちがうって、漱石《そうせき》先生《せんせい》は言《い》いたいんじゃない？

何《なに》と何《なに》を比較《ひかく》しているか？

Ⓐは、漱石《そうせき》が「ダメ」と言《い》っていること。
・馬《うま》
・火花《ひばな》
・相手《あいて》を拵《こし》らえてそれを押《お》す

Ⓑは、漱石《そうせき》が「いい」と言《い》っていること。
・牛《うし》
・根気《こんき》
・うんうん死《し》ぬまで押《お》す

大事《だいじ》なことを言《い》う合図《あいず》！

漱石先生《そうせきせんせい》は、「キミたちが聞《き》くなら、教《おし》えてあげるよ」と言《い》っている。ここは大事《だいじ》なところだよ！　という合図《あいず》だね。

聞《き》くなら申《もう》します。Ⓑ人間《にんげん》を押《お》すのです。Ⓐ文士《ぶんし》を押《お》すのではありません。これから湯《ゆ》に入《はい》ります。

八月《はちがつ》二十四日《にじゅうよっか》

夏目金之助《なつめきんのすけ》

芥川龍之介様《あくたがわりゅうのすけさま》

久米正雄様《くめまさおさま》

（きみたちの）君方《きみがた》が避暑中《ひしょちゅう》もう手紙《てがみ》を上《あ》げないかも知《し》れません。君方《きみがた》も返事《へんじ》の事《こと》は気《き》にしないでも構《かま》いません。

マジメな話《はなし》のあとで、「これからお風呂《ふろ》に入《はい》ります」なんて、おもしろい先生《せんせい》！

弟子《でし》が気《き》をつかわないように、こう言《い》ってくれているんだ。やさしい！

なぜ「人間《にんげん》」を押《お》す？

「文士《ぶんし》」は、芥川《あくたがわ》や久米《くめ》（もちろん漱石《そうせき》も）のような小説家《しょうせつか》のこと。なぜ「文士《ぶんし》」ではなく「人間《にんげん》」を押《お》すのか？くわしくは次《つぎ》のページで。

作品紹介《さくひんしょうかい》

『夏目漱石《なつめそうせき》の手紙《てがみ》』

漱石《そうせき》には芥川《あくたがわ》や久米《くめ》などたくさんの弟子《でし》がいて、毎週木曜日《まいしゅうもくようび》に漱石《そうせき》の家《いえ》に集《あつ》まる「木曜会《もくようかい》」が開《ひら》かれていた。漱石《そうせき》は弟子《でし》たちによく手紙《てがみ》を書《か》いていた。

「牛《うし》」と「馬《うま》」の例《たと》えで、漱石《そうせき》が伝《つた》えたかったこととは？

A 馬《うま》は……

一見《いっけん》すると良《よ》さそうだけど……

「火花《ひばな》」のように、
一瞬《いっしゅん》しか記憶《きおく》に残《のこ》らない。
つまり、すぐに忘《わす》れられてしまう。

B 牛《うし》は……

良《よ》くないと思《おも》われるけど……

「根気《こんき》」があるとみなされる。
「世《よ》の中《なか》は根気《こんき》の前《まえ》に頭《あたま》を下《さ》げる」、
つまり尊敬《そんけい》してくれる！

芥川《あくたがわ》も久米《くめ》も、小説家《しょうせつか》として世間《せけん》に認《みと》められずに悩《なや》んでいた。
漱石《そうせき》は**「あせってはいけない。牛《うし》のように根気強《こんきづよ》く、ゆっくりでいいからがんばれ」**と励《はげ》ましたんだね。

「人間《にんげん》を押《お》す」「文士《ぶんし》を押《お》す」とは？

× 文士《ぶんし》を押《お》す

「文士《ぶんし》を押《お》してはいけない」
とは……

同業《どうぎょう》の作家《さっか》たちの目《め》ばかり気《き》にしていてはいけません、ということ。

○ 人間《にんげん》を押《お》す

「人間《にんげん》を押《お》しなさい」
とは……

「人間《にんげん》とは何《なに》か」を考《かんが》えることに集中《しゅうちゅう》しなさい、ということ。

「人《ひと》の意見《いけん》にまどわされず、小説家《しょうせつか》として本当《ほんとう》に大事《だいじ》なことに集中《しゅうちゅう》すれば、人《ひと》の言葉《ことば》なんて気《き》にならなくなる！」

これは、今《いま》のＳＮＳ時代《エスエヌエスじだい》にも通《つう》じるアドバイスだね。

近代文学《きんだいぶんがく》

4

詩《し》のテーマを読《よ》み取《と》ろう

『そぞろごと』与謝野晶子《よさのあきこ》

詩《し》は、比喩《ひゆ》を使《つか》って表現《ひょうげん》されることが多《おお》いよ。たとえるものとたとえられるものには、共通《きょうつう》のイメージがあるはずなんだ。それを読《よ》み取《と》ることができると、詩《し》を味《あじ》わうことができるよ。

ここ重要《じゅうよう》な一文《いちぶん》!
インパクトのある書《か》き出《だ》しだね。

山《やま》の動《うご》く日《ひ》来《きた》る。
(このように)
かく云《い》えども人《ひと》われを信《しん》ぜじ。
山《やま》は姑《しばら》く眠《ねむ》りしのみ。
その昔《むかし》に於《おい》て
山《やま》は皆《みな》火《ひ》に燃《も》えて動《うご》きしものを。
されど、そは信《しん》ぜずともよし。

「そ」は「それ」。山《やま》が動《うご》くこと、をさしているよ。

山《やま》って動《うご》く? 山《やま》って眠《ねむ》る?
ここは「比喩《ひゆ》(たとえ)」であることに気《き》づくかな。「山《やま》」は何《なに》をたとえているのか? それがこの作品《さくひん》のテーマでもあり、読解《どっかい》のポイントでもあるよ。

噴火《ふんか》のことかな。理科《りか》で習《なら》った!

「これ」は、「眠《ねむ》っていた女《おんな》が目覚《めざ》めて動《うご》くことを信《しん》じよ」ということ。

人《ひと》よ、ああ、唯《ただ》これを信《しん》ぜよ。
すべて眠《ねむ》りし女《おなご》今《いま》ぞ目《め》覚《ざ》めて動《うご》くなる。

山《やま》＝女《おなご》だ！
ここで、「山《やま》」が「女《おなご》」の比喩《ひゆ》だったことがわかるよ！

与《よ》謝《さ》野《の》晶《あき》子《こ》が伝《つた》えたかったこととは？

一般的《いっぱんてき》に、山《やま》は……

- 動《うご》かない
- 自己主張《じこしゅちょう》しない（しゃべらない）
- ずっと変《かわ》わらない

▼

昔《むかし》は噴火《ふんか》して動《うご》いたりしたけど、山《やま》は、動《うご》かないものの象徴《しょうちょう》だよね。

▼

だから、山《やま》が動《うご》くことなんて信《しん》じなくてもいい。
で・も・ね……、**これだけは信《しん》じなさい！**

▼

男性優位《だんせいゆうい》の社会《しゃかい》で、何《なに》も言《い》えず、じっとしていると思《おも》われていたわたしたちだけど、

今《いま》こそ、めざめて動《うご》き出《だ》すのよ！

女性《じょせい》には選挙権《せんきょけん》すらなかった時代《じだい》。
女性《じょせい》だって社会参加《しゃかいさんか》するんだ！　という〝宣言《せんげん》〟を、絶対《ぜったい》に動《うご》かない「山《やま》」の比喩《ひゆ》で表現《ひょうげん》したんだ。これは文学的《ぶんがくてき》にも評価《ひょうか》の高《たか》い作品《さくひん》だよ。

作品《さくひん》紹介《しょうかい》

『そぞろごと』

女性《じょせい》運動《うんどう》のリーダー的《てき》存在《そんざい》だった平《ひら》塚《つか》らいてうが、1911（明治《めいじ》44）年《ねん》に創刊《そうかん》した雑誌《ざっし》『青鞜《せいとう》』に、与《よ》謝《さ》野《の》晶《あき》子《こ》が書《か》いた作品《さくひん》。のちにタイトルは『山《やま》の動《うご》く日《ひ》』となった。

作家《さっか》紹介《しょうかい》

与《よ》謝《さ》野《の》晶《あき》子《こ》

10代《だい》で短歌《たんか》をはじめ、妻子《さいし》持《も》ちの歌《か》人《じん》・与《よ》謝《さ》野《の》鉄幹《てっかん》との恋愛《れんあい》をテーマにした歌集《かしゅう》『みだれ髪《がみ》』で注目《ちゅうもく》される。後《のち》に鉄幹《てっかん》と結婚《けっこん》して12人《にん》の子供《こども》を出産《しゅっさん》。仕事《しごと》も家事《かじ》もがんばった。

近代文学《きんだいぶんがく》
5

気《き》持《も》ちの変《へん》化《か》を読《よ》み取《と》ろう

『走《はし》れメロス』太宰治《だざいおさむ》

落《お》ち込《こ》んでいたのに急《きゅう》に元気《げんき》になるといった、人物《じんぶつ》の気持《きも》ちの変化《へんか》を読《よ》み取《と》ることはとても大切《たいせつ》。何《なに》をきっかけに、どう変化《へんか》したのか、そんな「ビフォー・アフター」に注目《ちゅうもく》してみよう。

ふと耳《みみ》に、潺々《せんせん》、水《みず》の流《なが》れる音《おと》が聞《き》こえた。そっと頭《あたま》をもたげ、息《いき》を呑《の》んで耳《みみ》をすました。すぐ足《あし》もとで、水《みず》が流《なが》れているらしい。よろよろ起《お》き上《あ》がって、見《み》ると、岩《いわ》の裂《さ》け目《め》から滾々《こんこん》と、何《なに》か小《ちい》さく囁《ささや》きながら清水《しみず》が湧《わ》き出《で》ているのである。その泉《いずみ》に吸《す》い込《こ》まれるようにメロス

浅《あさ》い川《かわ》の水《みず》が流《なが》れる様子《ようす》。

メロスの変化《へんか》のプロセス！

よろよろ起《お》き上《あ》がった
←水《みず》を一口《ひとくち》飲《の》む
←夢《ゆめ》から覚《さ》めたよう
←疲労回復《ひろうかいふく》&希望《きぼう》！

ここで、メロスの気《き》持《も》ちが切《き》り替《か》わった！

は身《み》をかがめた。水《みず》を両手《りょうて》で掬《すく》って、一《ひと》くち飲《の》んだ。」ほうと長《なが》い溜息《ためいき》が出《で》て、夢《ゆめ》から覚《さ》めたような気《き》がした。歩《ある》ける。行《い》こう。肉体《にくたい》の疲労恢復《ひろうかいふく》と共《とも》に、わずかながら希望《きぼう》が生《う》まれた。義務遂行《ぎむすいこう》の希望《きぼう》である。わが身《み》を殺《ころ》して、名《めい》誉《よ》を守《まも》る希望《きぼう》である。斜陽《しゃよう》は赤《あか》い光《ひかり》を、樹々《きぎ》の葉《は》に投《とう》じ、葉《は》も枝《えだ》も燃《も》えるばかりに輝《かがや》いている。日没《にちぼつ》までには、まだ間《ま》がある。私《わたし》を、待《ま》っている人《ひと》があるのだ。少《すこ》しも疑《うたが》わず、静《しず》

どんな「希望《きぼう》」？
走《はし》り続《つづ》けて、疲《つか》れ果《は》てたメロスの「希望《きぼう》」とは何《なん》だろう？

待《ま》ってる人《ひと》がいる！
メロスに期待《きたい》して待《ま》っている人《ひと》がいる。その信頼《しんらい》にこたえることが「希望《きぼう》」だと気《き》づいたんだね。

水《みず》を飲《の》んで元気《げんき》になったから、まわりが輝《かがや》いて見《み》えたんだね。日没《にちぼつ》までの約束《やくそく》があるメロスには、希《き》望《ぼう》の赤《あか》い光《ひかり》なんだね。

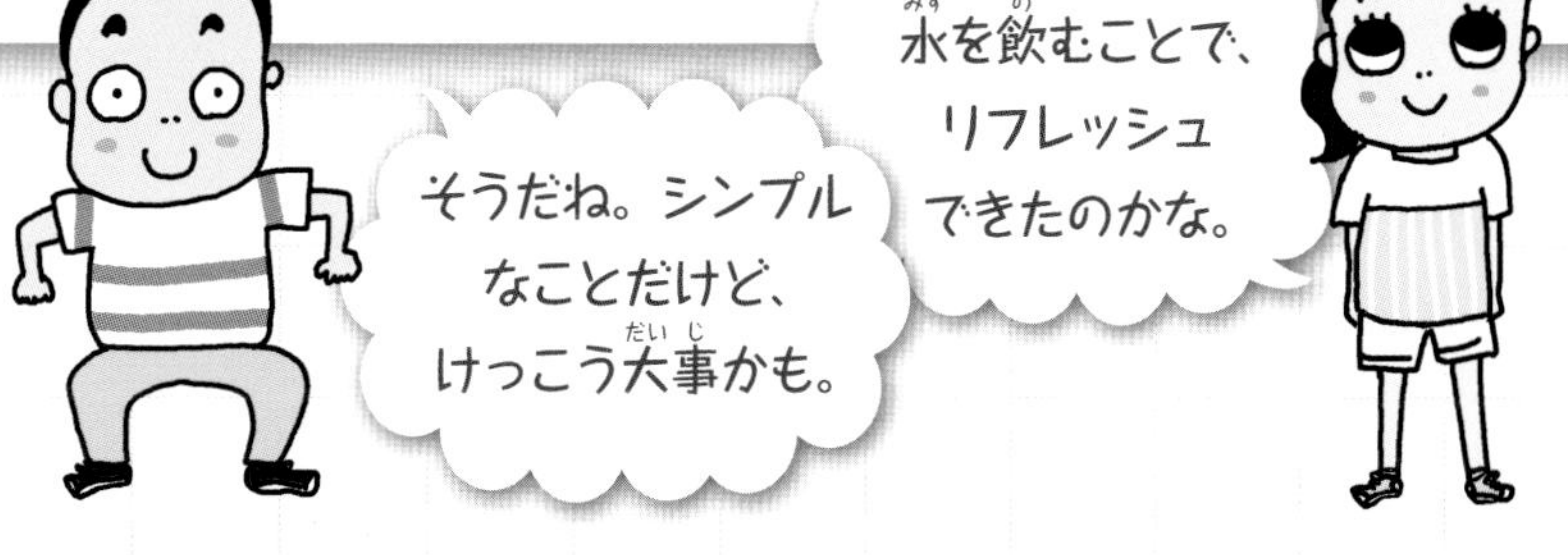

水《みず》を飲《の》むことで、リフレッシュできたのかな。
そうだね。シンプルなことだけど、けっこう大事《だいじ》かも。

かに期待《きたい》してくれている人《ひと》があるのだ。私《わたし》は、信《しん》じられている。私《わたし》の命《いのち》なぞは、問題《もんだい》ではない。死《し》んでお詫《わ》び、などと気《き》のいい事《こと》は言《い》って居《お》られぬ。私《わたし》は、信頼《しんらい》に報《むく》いなければならぬ。いまはただその一事《いちじ》だ。走《はし》れ！　メロス。

ここ重要《じゅうよう》な一文《いちぶん》！
疲《つか》れたとかよけいなことを考《かんが》えずに、信頼《しんらい》に報《むく》いるために走《はし》るんだ！

「自分《じぶん》なんて……」とか言《い》ってる場合《ばあい》じゃない！
どうせ死《し》ぬんだし、とか、死《し》んだっていいんだ、なんて考《かんが》えてたけど、そうじゃなかった。自分《じぶん》を信《しん》じてくれる人《ひと》がいるんだ！　という喜《よろこ》びにみちているね。

「走《はし》れ！　メロス」って、だれかに「走《はし》れ！」って命令《めいれい》されてるんじゃないんだね。

そうそう。自分《じぶん》で自分《じぶん》に「走《はし》れ！」って言《い》って、気持《きも》ちをふるいたたせているんだね。

走《はし》れ！　メロス
がんばれ、オレ！
……って感《かん》じ？

メロスくん

メロスのエネルギーの源《みなもと》とは？

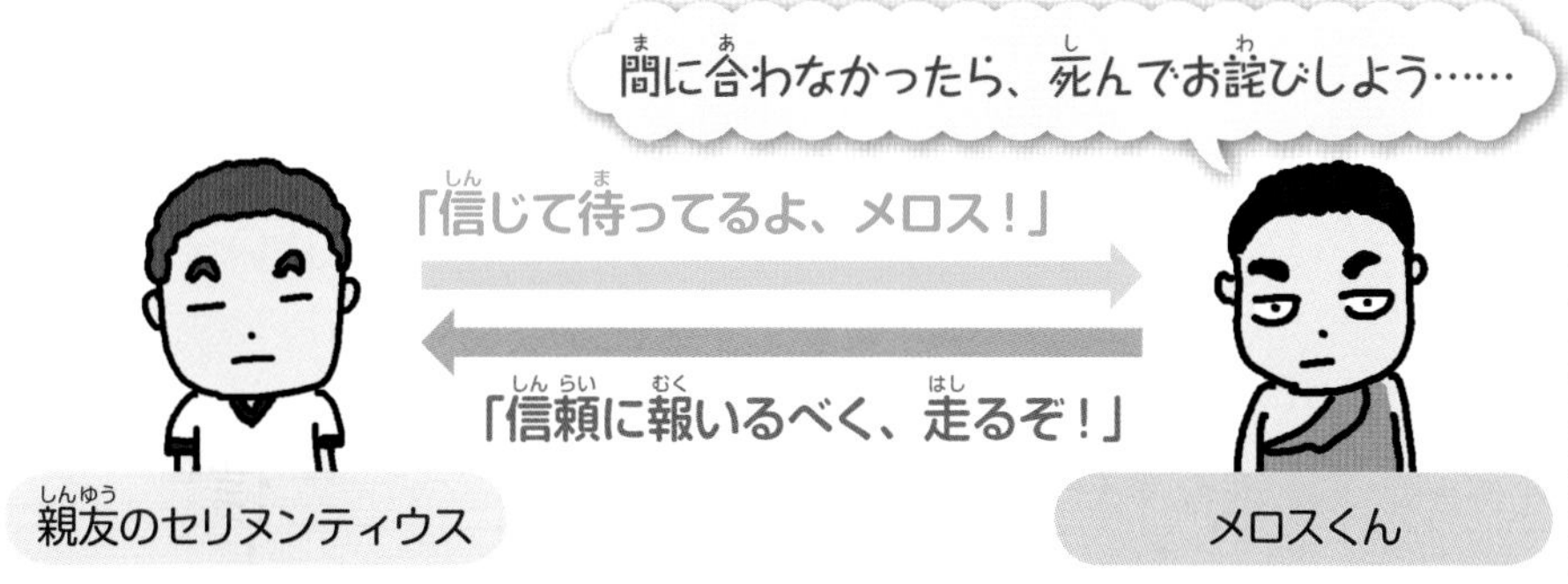

間《ま》に合《あ》わなかったら、死《し》んでお詫《わ》びしよう……

「信《しん》じて待《ま》ってるよ、メロス！」

「信頼《しんらい》に報《むく》いるべく、走《はし》るぞ！」

親友《しんゆう》のセリヌンティウス
メロスくん

死《し》ぬことを考《かんが》えるくらい絶望《ぜつぼう》していたメロス。でも、自分《じぶん》を信《しん》じて待《ま》ってくれている親友《しんゆう》のことを思《おも》い出《だ》してやる気《き》に！

だれかのためにがんばることが、メロスのエネルギー源《げん》なんだね。

メロスの変《へん》化《か》とは？

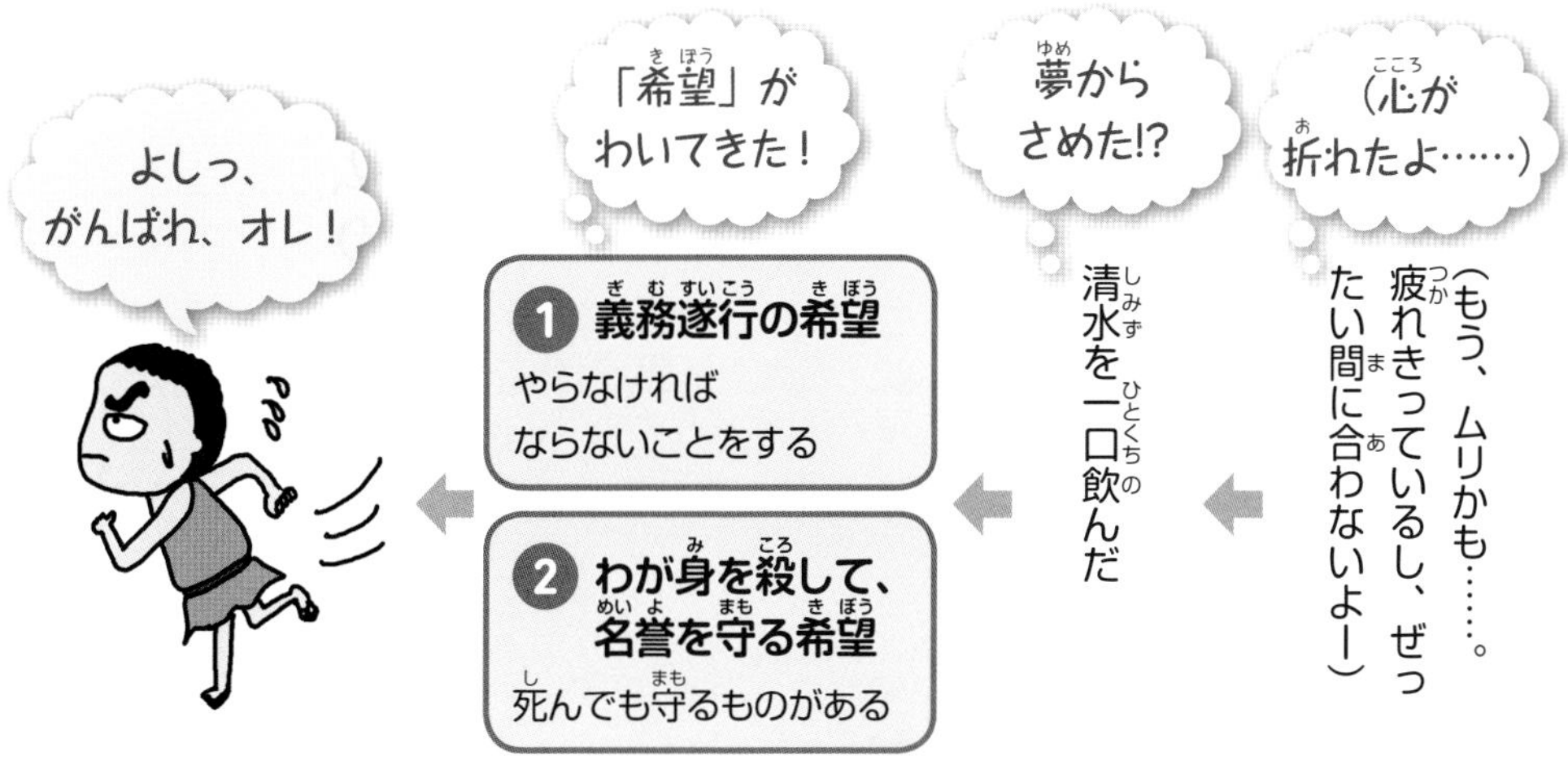

(心《こころ》が折《お》れたよ……)
(もう、ムリかも……。疲《つか》れきっているし、ぜったい間《ま》に合《あ》わないよー)
夢《ゆめ》からさめた!?
清水《しみず》を一口《ひとくち》飲《の》んだ
「希望《きぼう》」がわいてきた！
1 義務遂行《ぎむすいこう》の希望《きぼう》
やらなければならないことをする
2 わが身《み》を殺《ころ》して、名誉《めいよ》を守《まも》る希望《きぼう》
死《し》んでも守《まも》るものがある
よしっ、がんばれ、オレ！

作品紹介《さくひんしょうかい》

『走《はし》れメロス』

メロスは、暴君《ぼうくん》のディオニスに処刑《しょけい》されることになったが、妹《いもうと》の結婚式《けっこんしき》に出席《しゅっせき》するため3日《か》間《かん》待《ま》ってほしいと頼《たの》んだ。代《か》わりに人質《ひとじち》となった親友《しんゆう》のセリヌンティウスが待《ま》つなか、メロスは必死《ひっし》に走《はし》って帰《かえ》る。

作家紹介《さっかしょうかい》

太宰治《だざいおさむ》

青森県出身《あおもりけんしゅっしん》。東京帝国大《とうきょうていこくだい》学仏文科《がくふつぶんか》に入学《にゅうがく》したものの中退《ちゅうたい》。『山椒魚《さんしょううお》』で知《し》られる井伏鱒二《いぶせますじ》に師事《しじ》する。太宰《だざい》は無頼派《ぶらいは》と呼《よ》ばれ、『斜陽《しゃよう》』で流行作家《りゅうこうさっか》の仲間《なかま》入《い》りをする。代表作《だいひょうさく》に『走《はし》れメロス』『ヴィヨンの妻《つま》』『人間失格《にんげんしっかく》』など。

近代文学《きんだいぶんがく》 6

複雑《ふくざつ》な感情《かんじょう》を理解《りかい》しよう

『駈込《かけこ》み訴《うった》え』太宰治《だざいおさむ》

人《ひと》は、言《い》っていることと思《おも》っていることが違《ちが》う場合《ばあい》があるよね。小説《しょうせつ》を読解《どっかい》するときには、「言《い》っていること（＝セリフ）」に注目《ちゅうもく》しつつ、「本当《ほんとう》はどう思《おも》っているか（＝本音《ほんね》）」を読《よ》み取《と》ることも大事《だいじ》だよ。

申《もう》し上《あ》げます。申《もう》し上《あ》げます。❶旦那《だんな》さま。❷あの人《ひと》は、酷《ひど》い。酷《ひど》い。はい。厭《いや》な奴《やつ》です。悪《わる》い人《ひと》です。ああ。我慢《がまん》ならない。生《い》かして置《お》けねえ。

はい、はい。落《お》ちついて申《もう》し上《あ》げます。あの人《ひと》を、生《い》かして置《お》いてはなりません。世《よ》の

登場人物《とうじょうじんぶつ》を整理《せいり》しよう
❶旦那《だんな》さま
❷あの人《ひと》
❸私《わたし》
「私《わたし》」が「旦那《だんな》さま」に「あの人《ひと》」のことを訴《うった》えているんだね。

ここ重要《じゅうよう》な一文《いちぶん》！
「我慢《がまん》してきたけど、もう限界《げんかい》！」という主張《しゅちょう》だね。

この前《まえ》に省略《しょうりゃく》があることに気《き》づいた？旦那《だんな》さまが、「わかったから、落《お》ち着《つ》いて言《い》いなさい」と言《い》ったんじゃないかな。

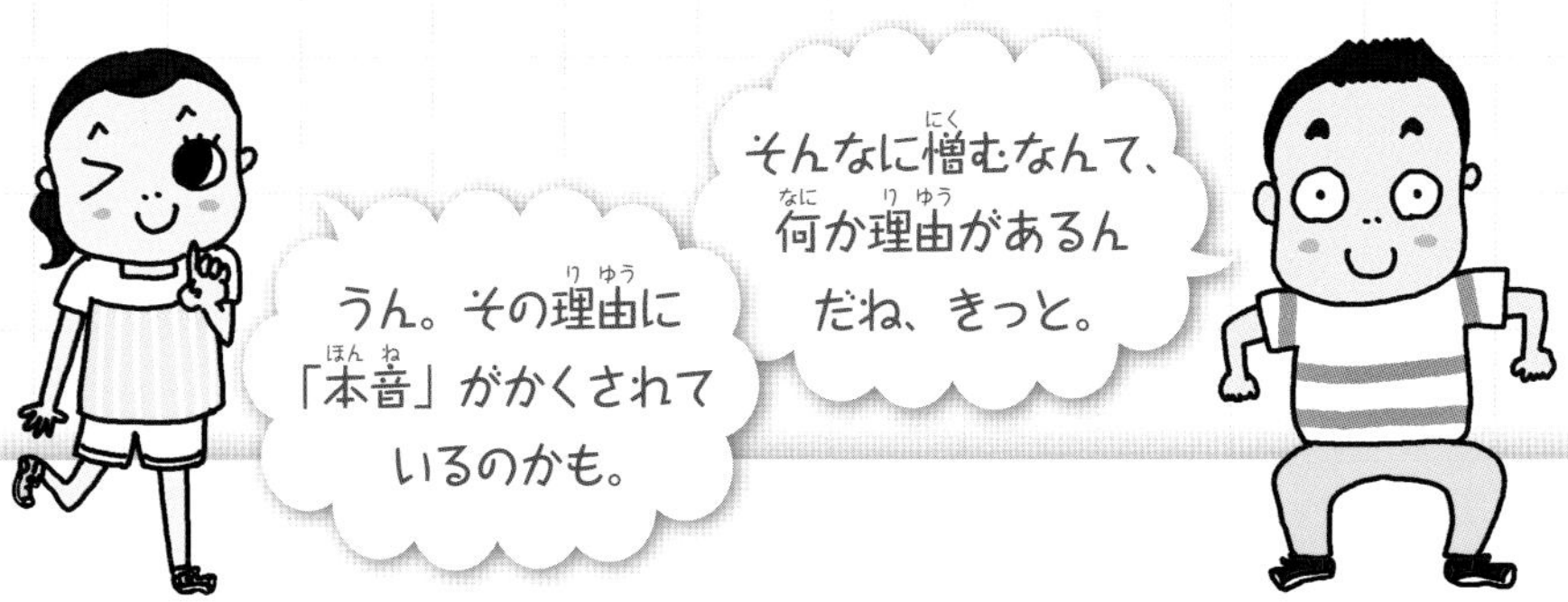

そんなに憎《にく》むなんて、何《なに》か理由《りゆう》があるんだね、きっと。
うん。その理由《りゆう》に「本音《ほんね》」がかくされているのかも。

ここまで言《い》うなんて、この人《ひと》ちょっとヤバい!?

中《なか》の仇《かたき》です。はい、何《なに》もかも、すっかり、全《ぜん》部《ぶ》、申《もう》し上《あ》げます。③私《わたし》は、あの人《ひと》の居所《いどころ》を知《し》っています。すぐに御案内申《ごあんないもう》します。ずたずたに切《き》りさいなんで、殺《ころ》して下《くだ》さい。あの人《ひと》は、私《わたし》の師《し》です。主《しゅ》です。けれども私《わたし》と同《おな》じ年《とし》です。三十四《さんじゅうし》であります。私《わたし》は、あの人《ひと》よりたった二月《ふたつき》おそく生《う》まれただけなのです。たいした違《ちが》いが無《な》い筈《はず》だ。人《ひと》と人《ひと》との間《あいだ》に、そんなにひどい差別《さべつ》は無《な》い筈《はず》だ。それなのに私《わたし》はきょう迄《まで》あの人《ひと》に、どれほど意地悪《いじわる》くこき使《つか》われて

「あの人《ひと》」は「私《わたし》」にとってどんな人《ひと》?

・厭《いや》な奴《やつ》
・悪《わる》い人《ひと》
・世《よ》の中《なか》の仇《かたき》
・私《わたし》の師《し》
・主《しゅ》
・私《わたし》と同《おな》じ年《とし》

同《おな》じ年《とし》で、世《よ》に知《し》られているえらい人《ひと》（＝「あの人《ひと》」）を訴《うった》えているということになるね。

二人《ふたり》の関係《かんけい》

「私《わたし》」は「あの人《ひと》」に仕《つか》えていたことがわかるね。「師《し》」と言《い》っているから、上下関係《じょうげかんけい》があるんだね。

来《き》たことか。どんなに嘲弄《ちょうろう》されて来《き》たことか。ああ、もう、いやだ。堪《た》えられるところ迄《まで》は、堪《た》えて来《き》たのだ。怒《おこ》る時《とき》に怒《おこ》らなければ、人《にん》間《げん》の甲斐《かい》がありません。私《わたし》は今《いま》まであの人《ひと》を、どんなにこっそり庇《かば》ってあげたか。誰《だれ》も、ご存《ぞん》じ無《な》いのです。あの人《ひと》ご自身《じしん》だって、それに気《き》がついていないのだ。いや、あの人《ひと》は知《し》っているのだ。ちゃんと知《し》っています。

「嘲弄《ちょうろう》」は、ばかにすること。

「なんでわかってくれないの！」
「私《わたし》」が「あの人《ひと》」のために尽《つ》くしてきたことを言《い》っているのに知《し》らんぷりしているから、「私《わたし》」は怒《おこ》っているんだね。

確《たし》かに！　なんでも我慢《がまん》すればいいってもんじゃない！　なるほどと思《おも》うことも言《い》っているんだね。

作品《さくひん》紹介《しょうかい》

『駈込《かけこ》み訴《うった》え』

「あの人《ひと》」とは、イエスのこと。イエスの弟子《でし》である「私《わたし》」は、ユダ。イエスを訴《うった》えるユダは、一方的《いっぽうてき》にイエスを批判《ひはん》する。最後《さいご》にユダは、お金《かね》を受《う》け取《と》ってイエスを売《う》り渡《わた》したんだ。

「私《わたし》」はどこ（だれ）に訴《うった》えかけたのか？

旦那《だんな》さま
訴《うった》え
イエス
ユダ
あの人《ひと》
私《わたし》

「あの人《ひと》」に愛《あい》されなくてつらい「私《わたし》」は旦那《だんな》さまに、「あの人《ひと》」を罰《ばっ》してほしいと訴《うった》えているんだ。

ヤバい人《ひと》だとわかっていても、なぜか「私《わたし》」の話《はなし》が聞《き》きたくなる！

「私《わたし》」は、かなりヤバい人《ひと》なんだけど、どうにも憎《にく》めない。

この後《あと》、**「私《わたし》はケチではなく、高《たか》い趣味家《しゅみか》」**であるとか**「あの人《ひと》を美《うつく》しい人《ひと》だと思《おも》っている」**とか、言《い》うことがコロコロ変《か》わるんだ。
必死《ひっし》な感《かん》じは伝《つた》わるから、人間《にんげん》くさくておもしろい！

「私《わたし》」は本当《ほんとう》に「あの人《ひと》」を憎《にく》んでいるだけなのか？

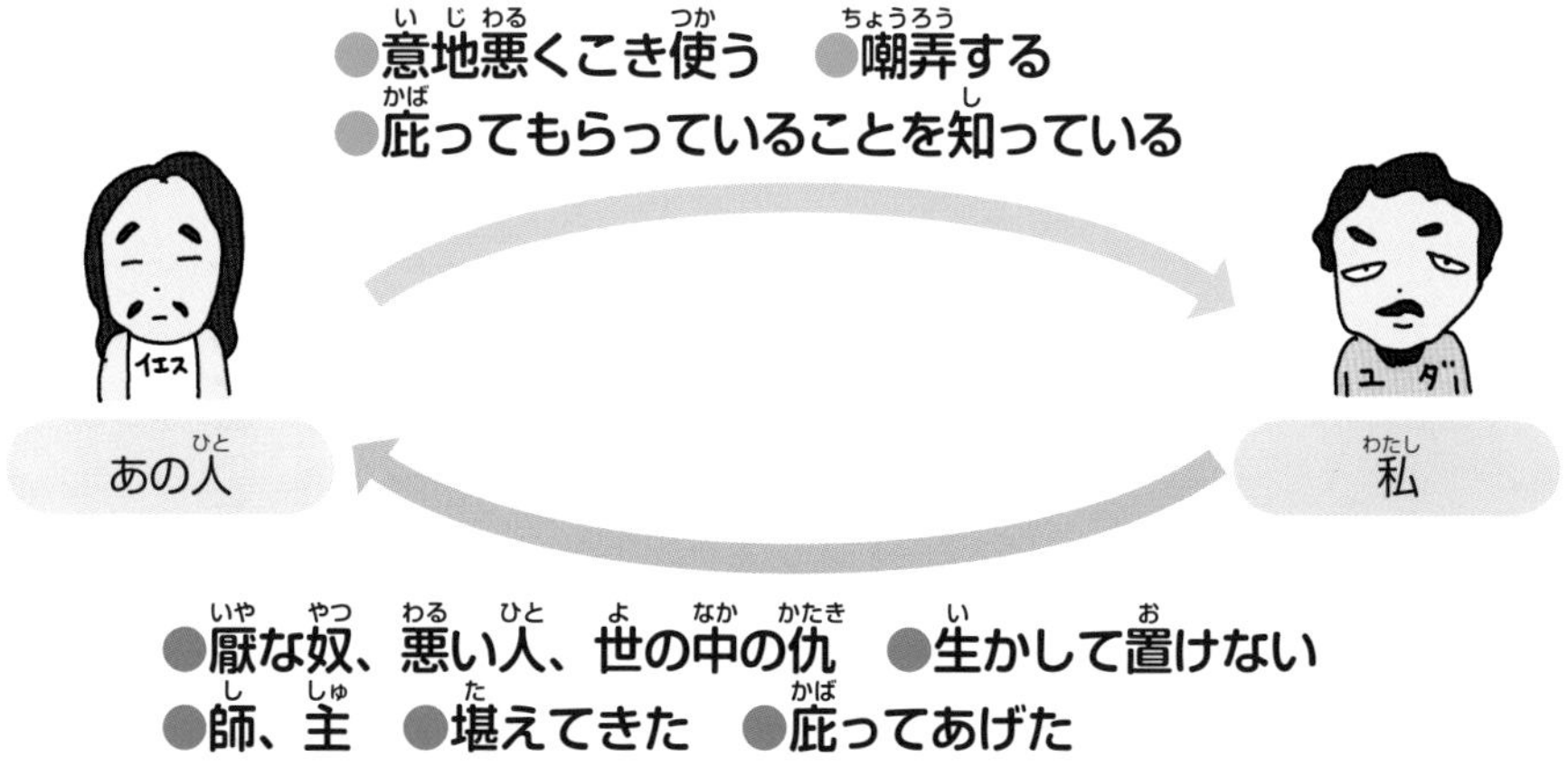
●意地悪《いじわる》くこき使《つか》う
●嘲弄《ちょうろう》する
●庇《かば》ってもらっていることを知《し》っている
イエス
ユダ
あの人《ひと》
私《わたし》
●厭《いや》な奴《やつ》、悪《わる》い人《ひと》、世《よ》の中《なか》の仇《かたき》
●生《い》かして置《お》けない
●師《し》、主《しゅ》
●堪《た》えてきた
●庇《かば》ってあげた

「私《わたし》」は、憎《にく》い「あの人《ひと》」を、どうして我慢《がまん》して庇《かば》ってきたんだろう……？
それは、**「あの人《ひと》」のことが好《す》きだったから！**
好《す》きな人《ひと》が、自分《じぶん》のことを大事《だいじ》にしてくれないから、ひどい人《ひと》だと訴《うった》えたんだ。
つまり「かわいさ余《あま》って憎《にく》さ百倍《ひゃくばい》」！

近代文学《きんだいぶんがく》
7

他人《たにん》と自分《じぶん》はどう違《ちが》うか

『人間失格《にんげんしっかく》』太宰治《だざいおさむ》

他人《たにん》と自分《じぶん》の違《ちが》いというのは、よく物語《ものがたり》のテーマになるよ。何《なに》がどう違《ちが》うのか、違《ちが》うことが主人公《しゅじんこう》にどんな影響《えいきょう》を与《あた》えているのかを考《かんが》えてみよう。もし、キミだったらどうするかな？

恥《はじ》の多《おお》い生涯《しょうがい》を送《おく》って来《き》ました。」「自分《じぶん》には、人間《にんげん》の生活《せいかつ》というものが、見当《けんとう》つかないのです。

（中略《ちゅうりゃく》）

自分《じぶん》は隣人《りんじん》と、ほとんど会話《かいわ》が出来《でき》ません。何《なに》を、どう言《い》ったらいいのか、わからないのです。そこで考《かんが》え出《だ》したのは、道化《どうけ》でした。」「そ

ここ重要《じゅうよう》な一文《いちぶん》！
「どんな恥《はじ》？」「どうして？」と疑問《ぎもん》がわくね。有名《ゆうめい》な書《か》き出《だ》しだよ。

「普通《ふつう》」って何《なに》？わからない！
主人公《しゅじんこう》は、普通《ふつう》の人《ひと》がどんなふうに生《い》きているのかがわからない。つまり、世間《せけん》と合《あ》わない人《ひと》なんだね。

人《ひと》と話《はな》すと、「ヘンなヤツ」とか言《い》われちゃうのかな。それはツラいな……。

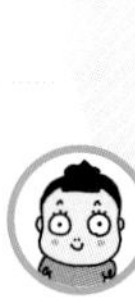

れは、自分《じぶん》の、人間《にんげん》に対《たい》する最後《さいご》の求愛《きゅうあい》でした。自分《じぶん》は、人間《にんげん》を極度《きょくど》に恐《おそ》れていながら、それでいて、人間《にんげん》を、どうしても思《おも》い切《き》れなかったらしいのです。そうして自分《じぶん》は、この道化《どうけ》の一線《いっせん》でわずかに人間《にんげん》につながる事《こと》が出来《でき》たのでした。おもてでは、絶《た》えず笑顔《えがお》をつくりながらも、内心《ないしん》は必死《ひっし》の、それこそ千番《せんばん》に一《いち》番《ばん》の兼《か》ね合《あ》いとでもいうべき危機《きき》一髪《いっぱつ》の、油《あぶら》汗流《あせなが》してのサーヴィスでした。

主人公《しゅじんこう》の言《い》う「道化《どうけ》」とは？

「道化《どうけ》」とは、人《ひと》を笑《わら》わせる言動《げんどう》のこと。
そして、主人公《しゅじんこう》は道化《どうけ》＝求愛《きゅうあい》＝サーヴィスと言《い》っているね。ここは要《よう》チェックだよ！

苦《くる》しい道化《どうけ》

油汗《あぶらあせ》は、緊張《きんちょう》したときや苦《くる》しいときに出《で》る汗《あせ》。主人公《しゅじんこう》にとって道化《どうけ》は、苦《くる》しいことなんだとわかるね。

顔《かお》では笑《わら》っていても、心《こころ》の中《なか》ではヒヤヒヤしながら苦《くる》しかったんだね。

当《あ》たり前《まえ》のことができない「失格《しっかく》」者《しゃ》

主人公《しゅじんこう》
ほかの人《ひと》

- 人《ひと》の生活《せいかつ》がわからない
- 会話《かいわ》ができない

- 人間《にんげん》がわかる
- 自然《しぜん》に会話《かいわ》できる

「自然《しぜん》に会話《かいわ》ができる」なんて、当《あ》たり前《まえ》だと思《おも》うかな？でも主人公《しゅじんこう》は、ほかの人《ひと》が当《あ》たり前《まえ》にできることができない。

世《よ》の中《なか》とうまくやれず精神《せいしん》的《てき》に苦《くる》しくなって、そして、さいごは自分《じぶん》で「人間失格《にんげんしっかく》」と言《い》うんだ。

「恥《はじ》」「道化《どうけ》」「サーヴィス」の関係《かんけい》

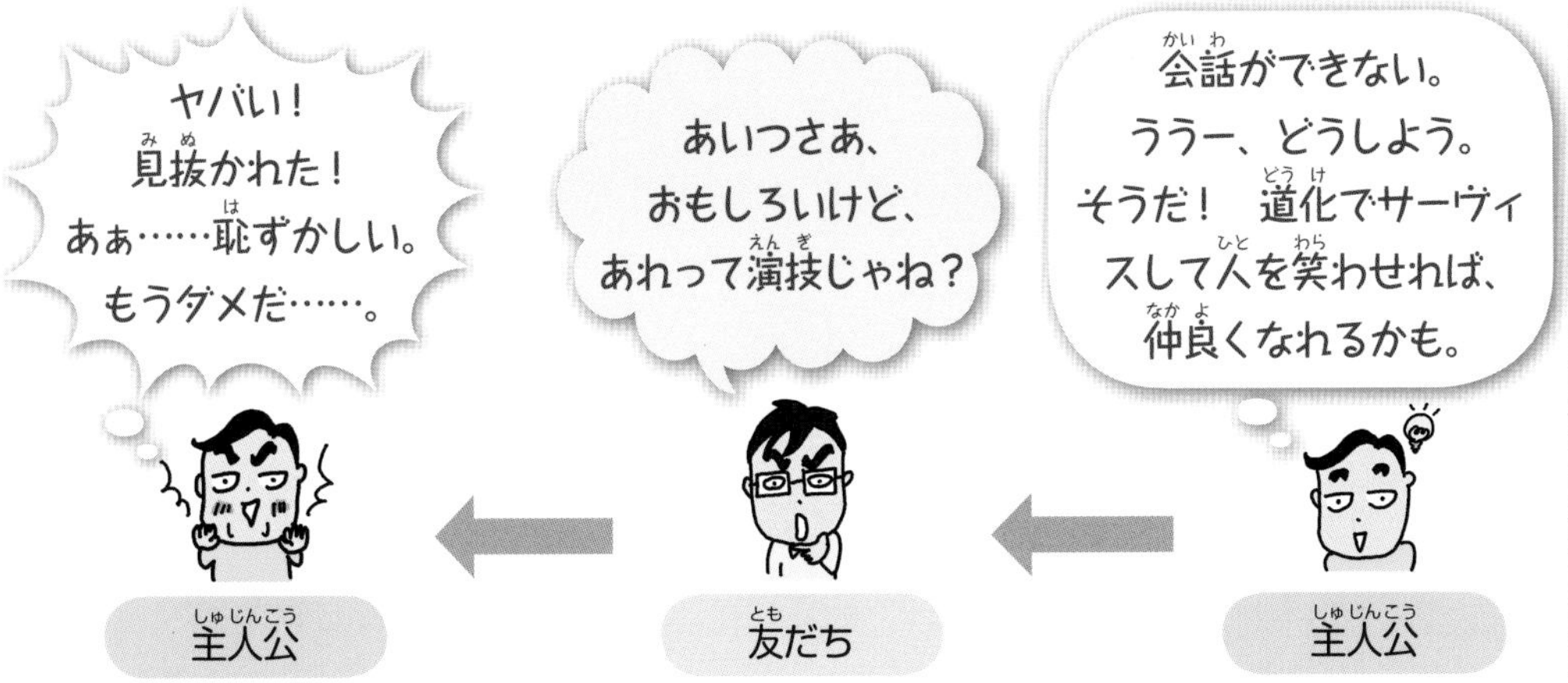
会話《かいわ》ができない。ううー、どうしよう。そうだ！　道化《どうけ》でサーヴィスして人《ひと》を笑《わら》わせれば、仲良《なかよ》くなれるかも。
主人公《しゅじんこう》
あいつさあ、おもしろいけど、あれって演技《えんぎ》じゃね？
友《とも》だち
ヤバい！見抜《みぬ》かれた！あぁ……恥《は》ずかしい。もうダメだ……。
主人公《しゅじんこう》

主人公《しゅじんこう》にとって「道化《どうけ》」は、人《ひと》と仲良《なかよ》くなる手段《しゅだん》。相手《あいて》によく思《おも》われるためのサーヴィスなんだね。
それを友《とも》だちに見破《みやぶ》られたから「恥《は》ずかしい」と思《おも》った。それを繰《く》り返《かえ》してきた人生《じんせい》だったってことだね。

作品《さくひん》紹介《しょうかい》

『人間失格《にんげんしっかく》』

主人公《しゅじんこう》の「大庭葉蔵《おおばようぞう》」は、人《ひと》をあざむいて生《い》きてきたけれど、だんだんとそれが他人《たにん》に気《き》づかれているのではないかと思《おも》うようになる。そこから自暴自棄《じぼうじき》な生活《せいかつ》を送《おく》るようになった。

なんか、主人公《しゅじんこう》が健気《けなげ》でかわいそうになってくるなあ。
うん。でも、友《とも》だちになるのはたいへんかも。

コラム

もっと知《し》りたい！ 太宰治《だざいおさむ》の作品《さくひん》

「無頼派《ぶらいは》」と呼《よ》ばれた太宰治《だざいおさむ》は、常識《じょうしき》では考《かんが》えられないような人々《ひとびと》をたくさん描《えが》いた。常識《じょうしき》から外《はず》れているけれど、なんだか憎《にく》めないんだよね。

『斜陽《しゃよう》』

昭和《しょうわ》22年《ねん》発表《はっぴょう》。華族《かぞく》の家《いえ》に生《う》まれた主人公《しゅじんこう》のかず子《こ》。家《いえ》が没落《ぼつらく》し、やがて母《はは》は亡《な》くなり、弟《おとうと》の直治《なおじ》は自殺《じさつ》する。かず子《こ》は小説家《しょうせつか》の上原《うえはら》の愛人《あいじん》となり、シングルマザーとして子《こ》どもを育《そだ》てながら、恋《こい》と革命《かくめい》に生《い》きる決意《けつい》をする。

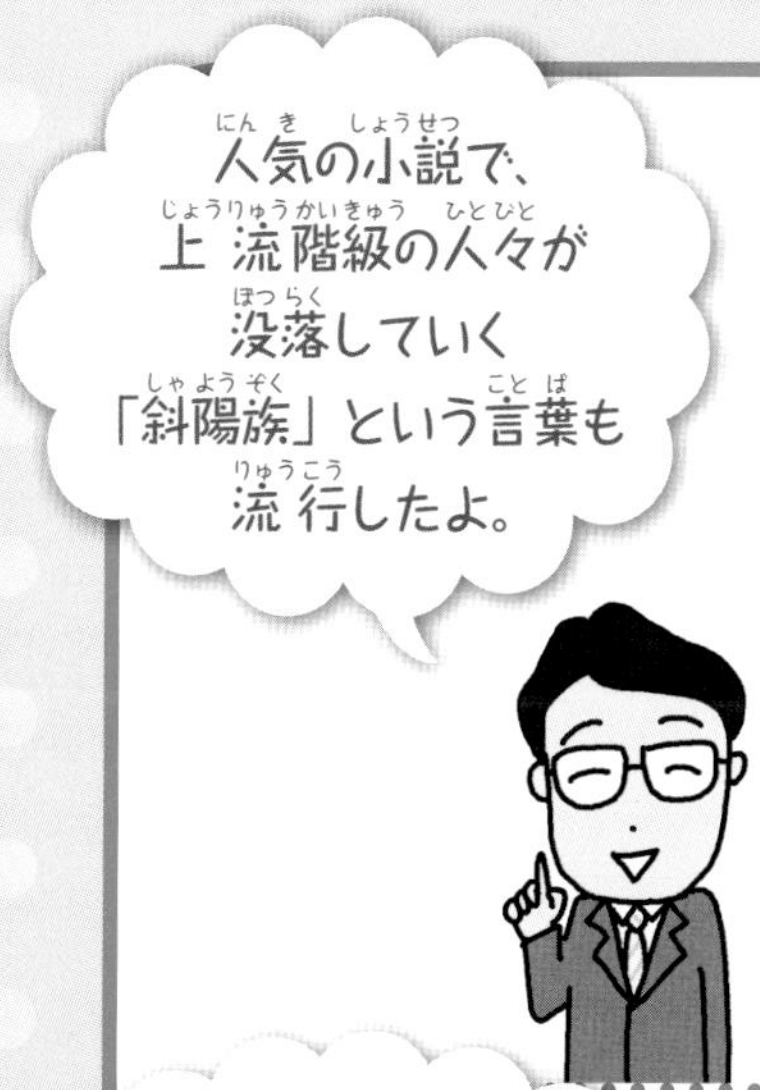
人気《にんき》の小説《しょうせつ》で、上流階級《じょうりゅうかいきゅう》の人々《ひとびと》が没落《ぼつらく》していく「斜陽族《しゃようぞく》」という言葉《ことば》も流行《りゅうこう》したよ。

『トカトントン』

「トカトントン」はトンカチでたたく音《おと》。手紙形式《てがみけいしき》の小説《しょうせつ》で、主人公《しゅじんこう》は「トカトントン」という音《おと》に悩《なや》まされている。何《なに》かをしようとすると音《おと》が聞《き》こえ、気力《きりょく》をうしなってしまう。戦後《せんご》のトラウマや無気力《むきりょく》さを象徴的《しょうちょうてき》に描《えが》いている。

短《みじか》い小説《しょうせつ》で、「トカトントン」の響《ひび》きがおもしろいから、読《よ》んでみてね！

『グッド・バイ』

主人公《しゅじんこう》の田島《たじま》には、妻《つま》のほかに愛人《あいじん》がたくさんいた。どうやって別《わか》れようかと悩《なや》んでいたとき、すごい美人《びじん》を連《つ》れて愛人《あいじん》のもとを訪《おとず》れれば別《わか》れられるとアドバイスされる。田島《たじま》は、偶然《ぐうぜん》出会《であ》ったキヌ子《こ》と、順番《じゅんばん》に愛人《あいじん》に会《あ》いにいく。

太宰《だざい》の最後《さいご》の小説《しょうせつ》。全部《ぜんぶ》書《か》き終《お》える前《まえ》に、太宰《だざい》が死《し》んでしまったから、未完成《みかんせい》なんだよ。

近代文学《きんだいぶんがく》 8

心《こころ》の矛盾《むじゅん》をとらえよう

『鼻《はな》』 芥川龍之介《あくたがわりゅうのすけ》

人《ひと》の感情《かんじょう》は複雑《ふくざつ》だ。まったく反対《はんたい》の感情《かんじょう》が同時《どうじ》にわき起《お》こることもあるし、ダメとわかっているのにやりたくなることもある。それを「矛盾《むじゅん》」と言《い》うよね。物語《ものがたり》の中《なか》で、何《なに》と何《なに》が矛盾《むじゅん》しているのかを読《よ》み取《と》ってみよう。

ここ重要《じゅうよう》な一文《いちぶん》！「二《ふた》つの感情《かんじょう》」がテーマだよ。

人間《にんげん》の心《こころ》ってことは、みんなに共通《きょうつう》する話《はなし》なのかもね。

「勿論《もちろん》」から「抱《いだ》くような事《こと》になる」までは、「矛盾《むじゅん》した二《ふた》つの感情《かんじょう》」についての説明《せつめい》。

人間《にんげん》の心《こころ》には互《たがい》に矛盾《むじゅん》した二《ふた》つの感情《かんじょう》がある。勿論《もちろん》、誰《だれ》でも他人《たにん》の不幸《ふこう》に同情《どうじょう》しない者《もの》はない。所《ところ》がその人《ひと》がその不幸《ふこう》を、どうにかして切《き》りぬける事《こと》が出来《でき》ると、今度《こんど》はこっちで何《なん》となく物足《ものた》りないような心《こころ》もちがする。少《すこ》し誇張《こちょう》して云《い》えば、もう一度《いちど》その人《ひと》を、同《おな》

「矛盾《むじゅん》」ってどんなこと？

矛盾《むじゅん》は、中国《ちゅうごく》の『韓非子《かんぴし》』に書《か》かれた話《はなし》が由来《ゆらい》になっているよ。「どんなものでも貫《つらぬ》けない盾《たて》」と「どんなものでも貫《つらぬ》ける矛《ほこ》」を売《う》っている商人《しょうにん》が、「その矛《ほこ》でその盾《たて》を突《つ》いたらどうなるのか」と聞《き》かれて困《こま》った話《はなし》から、つじつまが合《あ》わないことを意味《いみ》する故事成語《こじせいご》として使《つか》われているんだ。

なぜ、矛盾《むじゅん》した「二《ふた》つの感情《かんじょう》」になるのか？

じ不幸《ふこう》に陥《おとしい》れて見《み》たいような気《き》にさえなる。そうしていつの間《ま》にか、消極的《しょうきょくてき》ではあるが、ある敵意《てきい》をその人《ひと》に対《たい》して抱《いだ》くような事《こと》になる。」――内供《ないぐ》が、理由《りゆう》を知《し》らないながらも、何《なん》となく不快《ふかい》に思《おも》ったのは、池《いけ》の尾《お》の僧俗《そうぞく》の態度《たいど》に、この傍観者《ぼうかんしゃ》の利己主義《りこしゅぎ》をそれとなく感《かん》づいたからにほかならない。

「内供《ないぐ》」とは、天皇《てんのう》が生活《せいかつ》する宮中《きゅうちゅう》で働《はたら》く僧侶《そうりょ》のことで、この作品《さくひん》の主人公《しゅじんこう》。

内供《ないぐ》が池《いけ》の尾《お》（ほとり）の寺《てら》を訪《たず》ねたときに出会《であ》った、僧侶《そうりょ》や一般《いっぱん》の人々《ひとびと》のこと。

おもしろがってるなんて、イヤなやつ！

「矛盾《むじゅん》した二《ふた》つの感情《かんじょう》」（＝「同情《どうじょう》」と「敵意《てきい》」）を持《も》つことを、「傍観者《ぼうかんしゃ》の利己主義《りこしゅぎ》」（＝ひとごとだと思《おも》って、おもしろがってながめること）と言《い》っているんだ。内供《ないぐ》は、それに気《き》づいたから「不快《ふかい》に思《おも》った」んだよ。

他人《たにん》のことだから、笑《わら》っていられるんだね。

そうだね。もし、自分《じぶん》の鼻《はな》がすっごく長《なが》かったら、悩《なや》むと思《おも》うなあ。

同情《どうじょう》する→物足《ものた》りない→同《おな》じ不幸《ふこう》に陥《おとしい》れたい→敵意《てきい》

このプロセスもしっかりおさえておこう！

ここまでのあらすじ

鼻《はな》がすごく長《なが》くて、人《ひと》から笑《わら》われていた内供《ないぐ》。弟子《でし》の手《て》を借《か》りて鼻《はな》を短《みじか》くすることができてホッとしていたら、今度《こんど》は、必死《ひっし》になって鼻《はな》を短《みじか》くしたこと自体《じたい》を人々《ひとびと》に笑《わら》われた。

他《た》人《にん》の不幸《ふこう》や幸《しあわ》せを見《み》て、人《ひと》はどう思《おも》うか？

幸《しあわ》せになったら…敵意《てきい》

- あーあ、つまんない
- また不幸《ふこう》になればいいのに
- いい気《き》になってる
- なんだよ、アイツ

不幸《ふこう》なときは…同情《どうじょう》

- かわいそう
- たいへんだね
- つらいよね
- よくなればいいね

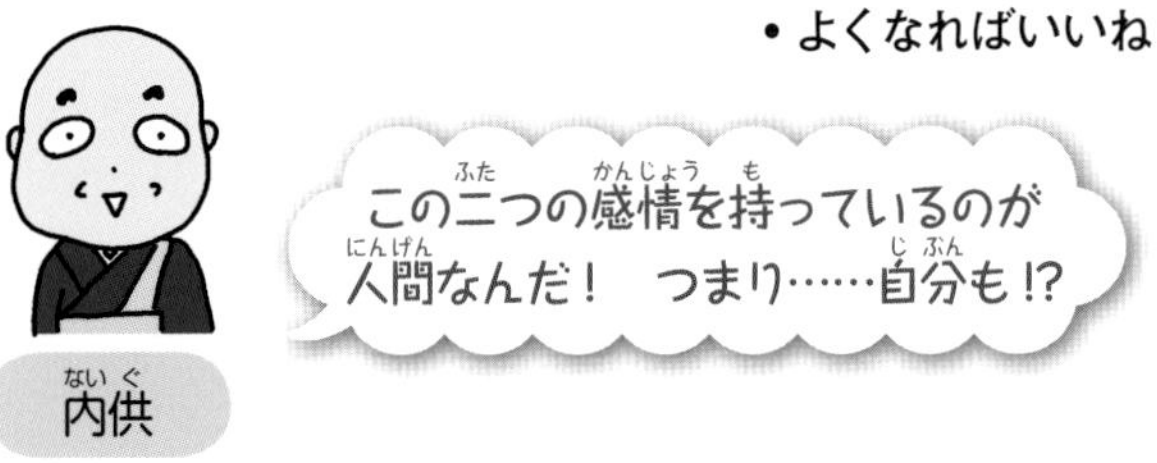

内供《ないぐ》
この二《ふた》つの感情《かんじょう》を持《も》っているのが人間《にんげん》なんだ！　つまり……自分《じぶん》も!?

主人公《しゅじんこう》の内供《ないぐ》はお坊《ぼう》さん。内供《ないぐ》は、自分《じぶん》の長《なが》い鼻《はな》を笑《わら》う人《ひと》、鼻《はな》が短《みじか》くなったらなったで笑《わら》う人《ひと》を見《み》て、「人間《にんげん》の感情《かんじょう》とはなんぞや」と考《かんが》えたんだね。

「矛盾《むじゅん》しているのが人間《にんげん》なんだ、そして自分《じぶん》もその一人《ひとり》なんだ」と気《き》づいたところに、内供《ないぐ》の尊《とうと》さがあるよ。

内供《ないぐ》は、鼻《はな》が長《なが》いという コンプレックスをどう乗《の》り越《こ》えたか？

長《なが》い鼻《はな》を笑《わら》われるのがツラい……

秘策《ひさく》を試《ため》したら、短《みじか》くなった。ヤッター！

鼻《はな》が短《みじか》くなったのに、まだ笑《わら》われる……

長《なが》い鼻《はな》に戻《もど》ったけど、自分自身《じぶんじしん》が「これでいい」と思《おも》えれば、人《ひと》の目《め》なんて気《き》にならない！

そっか！
自分《じぶん》で自分《じぶん》を
みとめようってことね。

内供《ないぐ》は、鼻《はな》が短《みじか》くなっても、人《ひと》から笑《わら》われ続《つづ》けた。
そこで内供《ないぐ》は気《き》づいたんだ。

鼻《はな》が長《なが》くても短《みじか》くても笑《わら》われるんだったら、もとの長《なが》い鼻《はな》でいい。
そして、笑《わら》われたっていい。これが自分《じぶん》なんだから、と。

鑑賞《かんしょう》のポイント

「鼻《はな》」を短《みじか》くするために奮闘《ふんとう》する内供《ないぐ》

その法《ほう》と云《い》うのは、ただ、湯《ゆ》で鼻《はな》を茹《ゆ》でて、その鼻《はな》を人《ひと》に踏《ふ》ませると云《い》う、極《きわ》めて簡単《かんたん》なものであった。湯《ゆ》は寺《てら》の湯屋《ゆや》で、毎日沸《まいにちわ》かしている。そこで弟子《でし》の僧《そう》は、指《ゆび》も入《い》れられないような熱《あつ》い湯《ゆ》を、すぐに提《ひさげ》に入《い》れて、湯屋《ゆや》から汲《く》んで来《き》た。しかしじかにこの提《ひさげ》へ鼻《はな》を入《い》れるとなると、湯気《ゆげ》に吹《ふ》かれて顔《かお》を火傷《やけど》する惧《おそれ》がある。そこで折敷《おしき》へ穴《あな》をあけて、それを提《ひさげ》の蓋《ふた》にして、その穴《あな》から鼻《はな》を湯《ゆ》の中《なか》へ入《い》れる事《こと》にした。鼻《はな》だけはこの熱《あつ》い湯《ゆ》の中《なか》へ浸《ひた》しても、少《すこ》しも熱《あつ》くないのである。しばらくすると弟子《でし》の僧《そう》が云《い》った。

——もう茹《ゆだ》った時分《じぶん》でござろう。

内供《ないぐ》は苦笑《くしょう》した。

これは、内供《ないぐ》の長《なが》い鼻《はな》をお湯《ゆ》でゆでてから足《あし》で踏《ふ》んで、短《みじか》くしようとするところ。
ある弟子《でし》が、医者《いしゃ》から聞《き》いてきた方法《ほうほう》というのがコレだった。
とんでもない方法《ほうほう》だけど、真剣《しんけん》に取《と》り組《く》む様子《ようす》がとてもおもしろいよ。

うわぁ、痛《いた》そう〜。
読《よ》んだだけで、鼻《はな》が痛《いた》くなってきた！

作品紹介《さくひんしょうかい》

『鼻《はな》』

長《なが》い鼻《はな》が悩《なや》みの禅智内供《ぜんちないぐ》は、いろんな方法《ほうほう》を試《ため》して、ようやく鼻《はな》を短《みじか》くすることに成功《せいこう》した。でも、周《まわ》りからはさらに笑《わら》われてしまう。熱《ねつ》を出《だ》して寝込《ねこ》んだら鼻《はな》が元《もと》に戻《もど》ってしまったけれど、内供《ないぐ》の気持《きも》ちはスッキリした。

作家紹介《さっかしょうかい》

芥川龍之介《あくたがわりゅうのすけ》

東京帝国大学在学中《とうきょうていこくだいがくざいがくちゅう》に、菊池寛《きくちかん》たちと雑誌《ざっし》『新思潮《しんしちょう》』を創刊《そうかん》。短編小説《たんぺんしょうせつ》の名手《めいしゅ》であり、また古典《こてん》やキリシタンをテーマにしたものから私小説的《ししょうせつてき》なものまで幅広《はばひろ》く執筆《しっぴつ》。代表作《だいひょうさく》に『羅生門《らしょうもん》』『蜘蛛《くも》の糸《いと》』など。35歳《さい》の若《わか》さで亡《な》くなる。

近代文学《きんだいぶんがく》

9

物語《ものがたり》の前後《ぜんご》の内容《ないよう》を考《かんが》えよう

『檸檬《れもん》』梶井基次郎《かじいもとじろう》

文章題《ぶんしょうだい》に出《で》てくる物語《ものがたり》は、ほとんどが物語全体《ものがたりぜんたい》の一部《いちぶ》。問題文《もんだいぶん》では一場面《いちばめん》しか読《よ》めないけれど、前後《ぜんご》のストーリーを想像《そうぞう》するヒントはあるよ。また、登場《とうじょう》しない人《ひと》たちの反応《はんのう》も「こんな感《かん》じかな?」と考《かんが》えてみるといいね。

「あ、そうだそうだ」その時《とき》私《わたし》は袂《たもと》の中《なか》の檸檬《レモン》を憶《おも》い出《だ》した。本《ほん》の色彩《しきさい》をゴチャゴチャに積《つ》みあげて、一度《いちど》この檸檬《レモン》で試《ため》してみたら。「そうだ」

私《わたし》にまた先《さき》ほどの軽《かろ》やかな昂奮《こうふん》が帰《かえ》って来《き》た。私《わたし》は手当《てあ》り次第《しだい》に積《つ》みあげ、また慌《あわただ》しく

この人《ひと》、いろんなことを思《おも》いつく人《ひと》なんだね。けっこうアイデアマンかも?!

「興奮《こうふん》」と同《おな》じ。

前《まえ》の行動《こうどう》が想像《そうぞう》できる!
着物《きもの》の「袂《たもと》の中《なか》」に檸檬《れもん》があるということは、ここに来《く》る前《まえ》に檸檬《れもん》を入《い》れたんだね。書《か》いていなくても、想像《そうぞう》でわかるよ。

今《いま》は書店《しょてん》にいる!
どこにいるとは書《か》いていないけど、積《つ》み上《あ》げるくらい本《ほん》がたくさんあるところは……書店《しょてん》だね。

潰《つぶ》し、また慌《あわただ》しく築《きず》きあげた。新《あたら》しく引《ひ》き抜《ぬ》いてつけ加《くわ》えたり、取《と》り去《さ》ったりした。奇怪《きっかい》な幻想的《げんそうてき》な城《しろ》が、そのたびに赤《あか》くなったり青《あお》くなったりした。

やっとそれはでき上《あ》がった。そして軽《かる》く跳《おど》りあがる心《こころ》を制《せい》しながら、その城壁《じょうへき》の頂《いただ》きに恐《おそ》る恐《おそ》る檸檬《レモン》を据《す》えつけた。そしてそれは上《じょう》出来《でき》だった。

見《み》わたすと、その檸檬《レモン》の色彩《しきさい》はガチャガチャ

本《ほん》の山《やま》＝幻想的《げんそうてき》な城《しろ》
ただ、本《ほん》を積《つ》み上《あ》げただけなのに、それを「幻想的《げんそうてき》な城《しろ》」と言《い》う「私《わたし》」は、想像力《そうぞうりょく》が豊《ゆた》かな人《ひと》なのかもね。

うまくできたってことは、この人《ひと》は喜《よろこ》んでるんだね。でも、店員《てんいん》さんやほかのお客《きゃく》さんからしたら、「何《なに》、コレ?!」って感《かん》じかも。

この人《ひと》、自分《じぶん》の世界《せかい》を大事《だいじ》にしていて、独特《どくとく》の美的感覚《びてきかんかく》があるのかも。

した色《いろ》の階調《かいちょう》をひっそりと紡錘形《ぼうすいけい》の身体《からだ》の中《なか》へ吸収《きゅうしゅう》してしまって、カーンと冴《さ》えかえっていた。私《わたし》は埃《ほこり》っぽい丸善《まるぜん》の中《なか》の空気《くうき》が、その檸檬《レモン》の周囲《しゅうい》だけ変《へん》に緊張《きんちょう》しているような気《き》がした。私《わたし》はしばらくそれを眺《なが》めていた。

不意《ふい》に第二《だいに》のアイディアが起《おこ》った。その奇《き》妙《みょう》なたくらみはむしろ私《わたし》をぎょっとさせた。

――それをそのままにしておいて私《わたし》は、なに喰《く》わぬ顔《かお》をして外《そと》へ出《で》る。――

「紡錘形《ぼうすいけい》」は、円柱《えんちゅう》の両端《りょうはし》がとがったような形《かたち》。つまりここでは檸檬《れもん》のこと。

緊張感《きんちょうかん》のある様子《ようす》＝カーン
本《ほん》を積《つ》み上《あ》げた上《うえ》に檸檬《れもん》を載《の》せたら、いつ檸檬《れもん》が転《ころ》がり落《お》ちるかわからない。その緊張感《きんちょうかん》を「カーン」という擬音語《ぎおんご》で表現《ひょうげん》しているんだ。

ここ重要《じゅうよう》な一文《いちぶん》！
自分《じぶん》でも「ぎょっと」するほどのアイディアって、なんだろう？

さらに過激《かげき》な思《おも》いつき！
片《かた》づけずに帰《かえ》っちゃうなんて?! ドキドキのスリルを楽《たの》しんでいるんだね。

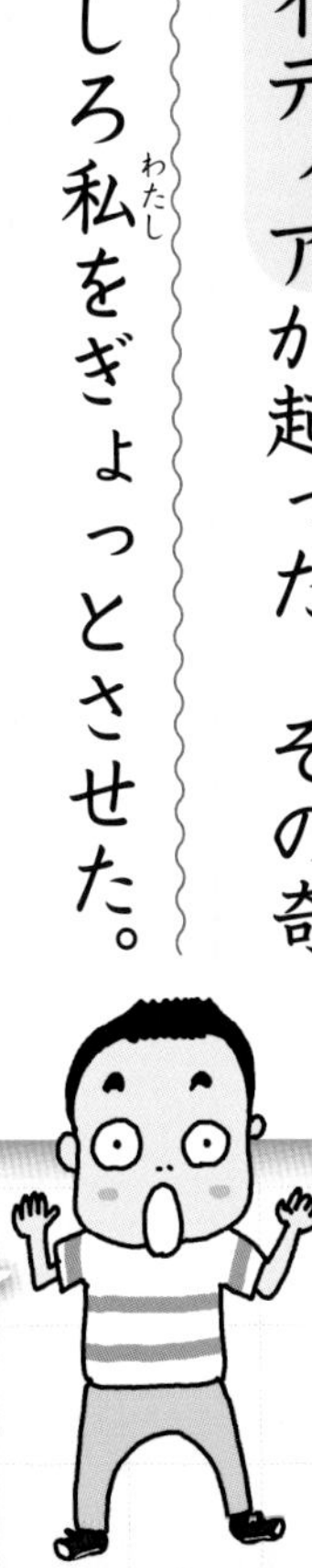

そっか、ただ書店《しょてん》でイタズラをしたんじゃなくて、美《び》とスリルの追求《ついきゅう》だったんだ！

「アイディア」の実践《じっせん》で、気《き》持《も》ちが晴《は》れた「私《わたし》」

気《き》が晴《は》れない

第一《だいいち》のアイディア

不安定《ふあんてい》な本《ほん》の山《やま》＋
鮮《あざ》やかな
黄色《きいろ》い檸檬《れもん》

いつ崩《くず》れるかわからない！

ドキドキのスリルに
興奮《こうふん》する「私《わたし》」

「檸檬《れもん》タワー」、
傑作《けっさく》だ！　ゾクゾクする！

第二《だいに》のアイディア

「檸檬《れもん》タワー」を
そのままにして
店《みせ》を出《で》る

タワーはどうなるかなあ。
みんなビックリするかなあ。

次《つぎ》の展開《てんかい》に
ワクワクする「私《わたし》」

きっと大騒《おおさわ》ぎになる！
ひぇー、楽《たの》しみだなあ。

気《き》が晴《は》れる

作品《さくひん》紹介《しょうかい》

『檸檬《れもん》』

理由《りゆう》のわからない不安《ふあん》にさいなまれている「私《わたし》」。ある日《ひ》、散歩《さんぽ》の途中《とちゅう》で檸檬《れもん》を買《か》ったことで少《すこ》し気分《きぶん》がよくなった私《わたし》は、檸檬《れもん》をもって書店《しょてん》の丸善《まるぜん》に行《い》った。本《ほん》を積《つ》み上《あ》げて、その上《うえ》に檸檬《れもん》を「爆弾《ばくだん》」に見立《みた》てて置《お》いてくる。

作家《さっか》紹介《しょうかい》

梶井基次郎《かじいもとじろう》

エンジニアを目指《めざ》していたが、文学《ぶんがく》に転向《てんこう》して東京《とうきょう》帝国大学《ていこくだいがく》に入学《にゅうがく》。同人誌《どうじんし》で文学活動《ぶんがくかつどう》をしていた。しかし持病《じびょう》の肺結核《はいけっかく》が悪化《あっか》してしまい、初《はつ》の著書《ちょしょ》『檸檬《れもん》』を出版《しゅっぱん》した翌年《よくねん》、31歳《さい》で亡《な》くなった。

近代文学《きんだいぶんがく》 10

どこから何《なに》を見《み》ているのか？

『やまなし』宮沢賢治《みやざわけんじ》

どんな場面《ばめん》なのかを理解《りかい》することが大切《たいせつ》。詳《くわ》しく説明《せつめい》されないから、キーワードをヒントに探《さぐ》っていこう。場面《ばめん》のイメージが描《えが》けたらバッチリだね！

二疋《にひき》の蟹《かに》の子供《こども》らが青《あお》じろい水《みず》の底《そこ》で話《はな》していました。

『クラムボンはわらったよ。』

『クラムボンはかぷかぷわらったよ。』

『クラムボンは跳《は》ねてわらったよ。』

『クラムボンはかぷかぷわらったよ。』

主役《しゅやく》は蟹《かに》！
メインキャラクターは蟹《かに》の子供《こども》。蟹《かに》が会話《かいわ》するところからも、幻想的《げんそうてき》な場《ば》面《めん》だとわかるね。

蟹《かに》は川《かわ》の底《そこ》にいる
「青《あお》じろい」ということは、そんなに深《ふか》くはないところにいるんだね。

ここ重要《じゅうよう》な一文《いちぶん》！
「クラムボン」はなんだかわからない生《い》きもので、それが「かぷかぷ」笑《わら》うんだ。クラムボンは蟹語《かにご》だけど、なんとなく想像《そうぞう》できるよね。

上《うえ》の方《ほう》や横《よこ》の方《ほう》は、青《あお》くくらく鋼《はがね》のように見《み》えます。そのなめらかな天井《てんじょう》を、つぶつぶ暗《くら》い泡《あわ》が流《なが》れて行《い》きます。

『クラムボンはわらっていたよ。』

『クラムボンはかぷかぷわらったよ。』

『それならなぜクラムボンはわらったの。』

『知《し》らない。』

つぶつぶ泡《あわ》が流《なが》れて行《い》きます。蟹《かに》の子供《こども》らもぽつぽつぽつとつづけて五《ご》六《ろく》粒《つぶ》泡《あわ》を吐《は》きました。それはゆれながら水銀《すいぎん》のように光《ひか》って斜《なな》めに上《うえ》の方《ほう》へのぼって行《い》きました。

「なぜ」って聞《き》かれても、答《こた》えられないから「知《し》らない」って言《い》っちゃうのが子供《こども》っぽいね！

時間《じかん》の流《なが》れがゆっくり
地上《ちじょう》の人間《にんげん》たちの生活《せいかつ》とちがって、水中《すいちゅう》の蟹《かに》たちに流《なが》れる時間《じかん》はとてもゆっくりなんだ。泡《あわ》がゆれながらのぼって行《い》くことから、それがなんとなくわかるね。

「天井《てんじょう》」は「水面《すいめん》」
蟹《かに》たちは川《かわ》の底《そこ》にいるから、「天井《てんじょう》」は水面《すいめん》なんだ。次《つぎ》のページのイラストで確認《かくにん》しよう。

「かぷかぷ」、「つぶつぶ泡《あわ》」、「ぽつぽつぽつ」と言葉《ことば》のリズムが独特《どくとく》で笑《わら》っちゃうね。

蟹《かに》たちは、どこからどう見《み》ているのかな？

太陽《たいよう》の光《ひかり》
水面《すいめん》
蟹《かに》は川《かわ》の底《そこ》から上《うえ》の水面《すいめん》を見《み》ている
川《かわ》の底《そこ》

蟹《かに》と人間《にんげん》では、目線《めせん》の位置《いち》も視界《しかい》も違《ちが》うもんね！

蟹《かに》は川《かわ》の底《そこ》にいて、太陽《たいよう》の光《ひかり》が降《ふ》り注《そそ》ぐ水《すい》面《めん》を見《み》ているよ。
川《かわ》は海《うみ》より浅《あさ》いから、光《ひかり》が入《はい》って比較的《ひかくてき》明《あか》るいんだね。
人間《にんげん》の視点《してん》だと、水面《すいめん》は見下《みお》ろすことが多《おお》いから、その違《ちが》いに気《き》をつけよう！

作品紹介《さくひんしょうかい》

『やまなし』

川底《かわぞこ》の幻想的《げんそうてき》な世界《せかい》。蟹《かに》の兄弟《きょうだい》が小《ちい》さな谷川《たにがわ》の底《そこ》で会話《かいわ》していて、その言葉《ことば》がいきいきと書《か》かれている。シーンとして、五月《ごがつ》と十二月《じゅうにがつ》の二《ふた》つがある。食物連鎖《しょくもつれんさ》をテーマにした自然《しぜん》の厳《きび》しさも描《えが》いている。

作家紹介《さっかしょうかい》

宮沢賢治《みやざわけんじ》

岩手県《いわてけん》・花巻農学校《はなまきのうがっこう》の教師《きょうし》として農業《のうぎょう》を指導《しどう》しながら、詩《し》や童話《どうわ》を書《か》き、詩集《ししゅう》『春《はる》と修羅《しゅら》』、童話集《どうわしゅう》『注文《ちゅうもん》の多《おお》い料理店《りょうりてん》』を出版《しゅっぱん》した。代表作《だいひょうさく》には『銀河鉄道《ぎんがてつどう》の夜《よる》』『風《かぜ》の又三郎《またさぶろう》』『永訣《えいけつ》の朝《あさ》』などがある。

もっと知《し》りたい！ 宮沢賢治《みやざわけんじ》の作品《さくひん》

小説《しょうせつ》のほか、詩《し》もたくさん書《か》いた宮沢賢治《みやざわけんじ》。自然《しぜん》に寄《よ》り添《そ》い、自然《しぜん》とともに生《い》きる姿《すがた》を描《えが》いた賢治《けんじ》の作品《さくひん》は、時《とき》を越《こ》えて読《よ》まれているね。

『注文《ちゅうもん》の多《おお》い料理店《りょうりてん》』

賢治《けんじ》の生前《せいぜん》に刊行《かんこう》された、唯一《ゆいいつ》の童話集《どうわしゅう》。猟《りょう》をしていた二人《ふたり》の男性《だんせい》が、山奥《やまおく》で迷《まよ》い込んだのは「西洋料理店《せいようりょうりてん》　山猫軒《やまねこけん》」。奇妙《きみょう》な〝注文《ちゅうもん》〟がたくさん寄《よ》せられるレストランを舞台《ぶたい》に、自然《しぜん》の大切《たいせつ》さや人間社会《にんげんしゃかい》への風刺《ふうし》を描《えが》いている。

童話《どうわ》だから、
楽《たの》しく読《よ》めるね。
何度《なんど》も読《よ》むと、賢治《けんじ》が
伝《つた》えたかった
メッセージがわかるよ。

『春《はる》と修羅《しゅら》』

生前《せいぜん》に刊行《かんこう》された、唯一《ゆいいつ》の詩集《ししゅう》。賢治《けんじ》は、これを「詩《し》」ではなく「心象《しんしょう》スケッチ」と言《い》っていて、目《め》で見《み》る情景《じょうけい》と自分《じぶん》の心《こころ》の中《なか》を重《かさ》ね合《あ》わせている。「おれはひとりの修羅《しゅら》なのだ」という宣言《せんげん》が心《こころ》に残《のこ》る。

「修羅《しゅら》」は、嫉妬《しっと》やうら
み、ねたみなどのこと。
賢治《けんじ》は、自分《じぶん》のネガティ
ブな感情《かんじょう》と向《む》き合《あ》って
いたんだよ。

『永訣《えいけつ》の朝《あさ》』

賢治《けんじ》の最大《さいだい》の理解者《りかいしゃ》であり、最愛《さいあい》の妹《いもうと》である「とし」が、24歳《さい》で亡《な》くなる瞬間《しゅんかん》をうたった詩《うた》。「永訣《えいけつ》」とは永遠《えいえん》の別《わか》れのこと。「あめゆじゅとてちてけんじゃ（雨雪《あめゆき》をとってきてちょうだい）」と言《い》う妹《いもうと》の最期《さいご》の願《ねが》いが、切《せつ》なくひびく。

死《し》にゆく妹《いもうと》を前《まえ》に、
ひっしに走《はし》って
雪《ゆき》を取《と》りに行《い》く賢治《けんじ》。
きょうだいの絆《きずな》が
感《かん》じられる詩《し》だよ。

近代文学《きんだいぶんがく》

11

あわい恋心《こいごころ》を味《あじ》わおう

『たけくらべ』樋口一葉《ひぐちいちよう》

好《す》きな相手《あいて》とただの友《とも》だちでは、接《せっ》するときの気持《きも》ちがまったくちがうよね。自分《じぶん》では気《き》づかないかもしれないけれど、まわりから見《み》たらすぐにわかるかも!? あわく切《せつ》ない恋心《こいごころ》と、様子《ようす》の変化《へんか》を読《よ》み取《と》ってみよう。

見《み》るに氣《き》の毒《どく》なるは❶雨《あめ》の中《なか》の傘《かさ》なし、途中《とちゅう》に❷鼻緒《はなお》を踏《ふ》み切《き》りたるばかりは無《な》し、美登利《みどり》は障子《しょうじ》の中《なか》ながら硝子《がらす》ごしに遠《とお》く眺《なが》めて、「あれ誰《た》れか鼻緒《はなお》を切《き》つた人《ひと》がある、母《かか》さん切《き》れを遣《や》つても宜《よ》う御座《ござ》んすか」と尋《たず》ねて、針箱《はりばこ》の引出《ひきだ》しから友仙《ゆうぜん》ちりめんの切《き》れ端《はし》をつかみ出《だ》

「気《き》の毒《どく》」(＝かわいそう)な理由《りゆう》は二《ふた》つ。
❶雨《あめ》なのに傘《かさ》がないこと
❷ゲタの鼻緒《はなお》が切《き》れて、替《か》えがないこと

「あれ」〜「御座《ござ》んすか」までは、美登利《みどり》が母親《ははおや》に問《と》いかけたセリフ。

困《こま》っている人《ひと》がいる!
この時点《じてん》では、誰《だれ》なのか美登利《みどり》はわかっていないんだ。ここはポイント!

あれは信如《しんにょ》ね！

ここではじめて、家《いえ》の前《まえ》で困《こま》っていたのは幼馴染《おさななじみ》の信如《しんにょ》だとわかるんだ。

ここ重要《じゅうよう》な一文《いちぶん》！

美登利《みどり》にとっては「大事件《だいじけん》」なんだね！

「〱」は前《まえ》の言葉《ことば》をくりかえす印《しるし》。「恐る〱」は「おそるおそる」と読《よ》むよ。

し、庭下駄《にわげた》はくも鈍《もど》かしきやう《よ》に、馳《は》せ出《い》でゝ《て》椽先《えんさき》の洋傘《かうもり》さすより早《はや》く、庭石《にわいし》の上《うえ》を傳《つた》ふ《う》て急《いそ》ぎ足《あし》に來《き》たりぬ。

それと見《み》るより美登利《みどり》の顔《かお》は赤《あか》う成《な》りて、何《なに》のやう《よ》の大事《だいじ》にでも逢《あ》ひ《い》しやう《よ》に、胸《むね》の動悸《どうき》の早《はや》くうつを、人《ひと》の見《み》るかと背後《うしろ》の見《み》られて、恐《おそ》る〱《おそる》門《もん》の侍《そば》へ寄《よ》れば、信如《しんにょ》もふつと振返《ふりかえ》りて、此《こ》れも無言《むごん》に脇《わき》を流《なが》るゝ《る》冷汗《ひやあせ》、跣足《はだし》になりて逃《に》げ出《だ》したき思《おも》ひ《い》なり。

傘《かさ》をさす前《まえ》に飛《と》び出《だ》してきたってことは、すっごく急《いそ》いでたんだね。どうして美登利《みどり》はそんなに急《いそ》いでいたんだろう？

顔《かお》が真《ま》っ赤《か》で心臓《しんぞう》バクバク！

信如《しんにょ》だとわかると、美登利《みどり》は、
- 顔《かお》が赤《あか》くなった
- 心臓《しんぞう》の動悸《どうき》がはやくなった

これは……、そう！美登利《みどり》は信如《しんにょ》に恋《こい》をしているんだ！

あせりまくる信如《しんにょ》……

信如《しんにょ》も美登利《みどり》を意識《いしき》しているからこそ、冷汗《ひやあせ》かいたんだ。

美登利《みどり》がどんな性格《せいかく》かを、読《よ》み取《と》ってみよう！

見《み》るに氣《き》の毒《どく》なるは雨《あめ》の中《なか》の傘《かさ》なし、途中《とちゅう》に鼻緒《はなお》を踏《ふ》み切《き》りたるばかりは無《な》し、美登利《みどり》は障子《しょうじ》の中《なか》ながら硝子《がらす》ごしに遠《とお》く眺《なが》めて、あれ誰《た》れか鼻緒《はなお》を切《き》つた人《ひと》がある、母《かか》さん切《き》れを遣《や》つても宜《よ》う御座《ござ》んすかと尋《たず》ねて、針箱《はりばこ》の引出《ひきだ》しから友仙《ゆうぜん》ちりめんの切《き》れ端《はし》をつかみ出《だ》し、庭下駄《にわげた》はくも鈍《もど》かしきやう《よ》に、馳《は》せ出《い》でゝ椽先《てえんさき》の洋傘《かうもり》さすより早《はや》く、庭石《にわいし》の上《うえ》を傳《つた》ふ《う》て急《いそ》ぎ足《あし》に來《き》たりぬ。

困《こま》っている人《ひと》がいたら見過《みす》ごせない

何《なに》をしてあげればいいかがわかっている

迷《まよ》わずにすぐに行動《こうどう》できる

正義感《せいぎかん》のある女《おんな》の子《こ》なのかなあ。あと、弱《よわ》い者《もの》の味方《みかた》っていう感《かん》じもするね。

積極的《せっきょくてき》でリーダーっぽい子《こ》かもね。責任感《せきにんかん》もあって頼《たよ》りになりそう。

美登利《みどり》は片思《かたおも》い？ それとも両思《りょうおも》い？

信如《しんにょ》に恋《こい》をしているし、自分《じぶん》の気《き》持《も》ちにも気《き》づいている！（信如《しんにょ》と一緒《いっしょ》のところを人《ひと》に見《み》られていないか確認《かくにん》している）

美登利《みどり》

- 顔《かお》が赤《あか》くなる
- 心臓《しんぞう》バクバク

互《たが》いの顔《かお》を見《み》て、相手《あいて》に気《き》づくと……

信如《しんにょ》

- 汗《あせ》びっしょり
- 恥《は》ずかしい

美登利《みどり》に恋《こい》をしている！（でも、自分《じぶん》ではその気《き》持《も》ちにはっきりと気《き》づいていない）

この場面《ばめん》の、二人《ふたり》の位置《いち》関係《かんけい》は？

外《そと》は雨《あめ》。美登利《みどり》は家《いえ》の障子《しょうじ》の中《なか》からガラス越《ご》しに外《そと》を見《み》ているよ。そこに、傘《かさ》をさして通《とお》りかかったのが信如《しんにょ》。だから、お互《たが》いに顔《かお》が見《み》えなかったんだ。

文語体《ぶんごたい》のカッコよさを体験《たいけん》しよう！

樋口一葉《ひぐちいちよう》の文章《ぶんしょう》は「文語体《ぶんごたい》」。流《なが》れるような言葉《ことば》の連《つら》なりと、リズムの良《よ》さが一葉《いちよう》の特徴《とくちょう》だよ。『たけくらべ』の冒頭《ぼうとう》は有名《ゆうめい》だから、音読《おんどく》してみよう！

廻《まわ》れば大門《おおもん》の見返《みかえ》り柳《やなぎ》いと長《なが》けれど、お齒《は》ぐろ溝《どぶ》に燈《とも》火《び》うつる三階《さんがい》の騷《さわ》ぎも手《て》に取《と》る如《ごと》く、明《あ》けくれなしの車《くるま》の行来《ゆきき》にはかり知《し》られぬ全盛《ぜんせい》をうらなひ《い》て、大音寺《だいおんじ》前《まえ》と名《な》は佛《ほとけ》くさけれど、さりとは陽氣《ようき》の町《まち》と住《す》みたる人《ひと》の申《もう》し《し》き

作品《さくひん》紹介《しょうかい》

『たけくらべ』

明《あか》るく活発《かっぱつ》で、正義感《せいぎかん》の強《つよ》い美《み》登利《どり》。美登利《みどり》のお姉《ねえ》さんは遊女《ゆうじょ》として吉原《よしわら》ではたらいていて、美《み》登利《どり》は自分《じぶん》も同《おな》じ道《みち》を歩《あゆ》むことがわかっている。一方《いっぽう》、信如《しんにょ》は、お父《とお》さんの跡《あと》をつぐために仏道《ぶつどう》に入《はい》ることが決《き》まっている。結《むす》ばれない未来《みらい》に向《む》かう、思春期《ししゅんき》の美登利《みどり》と信如《しんにょ》のあわい恋《こい》の物語《ものがたり》。

作家《さっか》紹介《しょうかい》

樋口一葉《ひぐちいちよう》

12歳《さい》で和歌《わか》を学《まな》び、14歳《さい》で中島《なかじま》歌子《うたこ》の「萩《はぎ》の舎《や》」に入塾《にゅうじゅく》して小《しょう》説《せつ》や随筆《ずいひつ》を書《か》くようになる。文《ぶん》章《しょう》を書《か》くお金《かね》では生活《せいかつ》できず、商店《しょうてん》を営《いと》みながら作家《さっか》活動《かつどう》をする。代表作《だいひょうさく》は『にごりえ』『たけくらべ』『十三夜《じゅうさんや》』など。肺結核《はいけっかく》になり、24歳《さい》の若《わか》さで亡《な》くなる。

近代文学《きんだいぶんがく》

12

作《さく》者《しゃ》の主《しゅ》張《ちょう》を読《よ》み取《と》ろう

『陰《いん》翳《えい》礼《らい》讃《さん》』 谷《たに》崎《ざき》潤《じゅん》一《いち》郎《ろう》

作《さく》者《しゃ》が何《なに》を言《い》いたいのかを読《よ》み取《と》るには、作《さく》者《しゃ》の考《かんが》えを自《じ》分《ぶん》に引《ひ》き寄《よ》せて想《そう》像《ぞう》してみるといいよ。「無《む》心《しん》になるってどんな感《かん》じだろう？」「それが気《き》持《も》ちいいっていうのは、どういうことだろう？」と想《そう》像《ぞう》してみよう。

吸《す》い物《もの》椀《わん》から虫《むし》の音《ね》が聞《き》こえるっていう発《はっ》想《そう》がおもしろいね！ そのくらい集《しゅう》中《ちゅう》してるってことなのかな。

私《わたし》は、吸《す》い物《もの》椀《わん》を前《まえ》にして、椀《わん》が微《かす》かに耳《みみ》の奥《おく》へ沁《し》むようにジイと鳴《な》っている、あの遠《とお》い虫《むし》の音《ね》のようなおとを聴《き》きつゝ《つ》これから食《た》べる物《もの》の味《あじ》わいに思《おも》いをひそめる時《とき》、いつも自《じ》分《ぶん》が三《さん》昧《まい》境《きょう》に惹《ひ》き入《い》れられるのを覚《おぼ》える。茶《ちゃ》人《じん》が湯《ゆ》のたぎるおとに尾《お》上《のえ》の松《まつ》風《かぜ》を連《れん》想《そう》しな

ここ重《じゅう》要《よう》な一《いち》文《ぶん》！

「三《さん》昧《まい》」とは「熱《ねっ》中《ちゅう》すること」で、「読《どく》書《しょ》三《さん》昧《まい》」というふうに使《つか》うよ。ここでいう「三《さん》昧《まい》境《きょう》」とは、あることに集《しゅう》中《ちゅう》して無《む》心《しん》になり、気《き》持《も》ちよくなることを言《い》っているよ。たとえば、美《うつく》しい音《おん》楽《がく》を聴《き》いて、その音《おん》楽《がく》に心《こころ》が溶《と》けこんでしまうような感《かん》覚《かく》だね。

がら無我《むが》の境《きょう》に入《はい》ると云《い》うのも、恐《おそ》らくそれに似《に》た心持《こころもち》なのであろう。日本《にほん》の料理《りょうり》は食《く》うものでなくて見《み》るものだと云《い》われるが、こう云《い》う場合《ばあい》、私《わたし》は見《み》るものである以上《いじょう》に瞑想《めいそう》するものであると云《い》おう。そうしてそれは、闇《やみ》にまたゝく蝋燭《ろうそく》の灯《ともしび》と漆《うるし》の器《うつわ》とが合奏《がっそう》する無言《むごん》の音楽《おんがく》の作用《さよう》なのである。」かつて漱石先生《そうせきせんせい》は「草枕《くさまくら》」の中《なか》で羊羹《ようかん》の色《いろ》を讃美《さんび》しておられたことがあったが、そう云《い》えばあの色《いろ》などはやはり瞑想的《めいそうてき》ではないか。玉《ぎょく》のように半透明《はんとうめい》

三昧境《さんまいきょう》＝無我《むが》の境《きょう》＝瞑想《めいそう》
この三《みっ》つの言葉《ことば》はどれも、無心《むしん》になって気持《きも》ちよくなるという意味《いみ》で使《つか》われているよ。

「闇《やみ》」と「灯《ともしび》」の対比《たいひ》
暗《くら》さと明《あか》るさの対比《たいひ》。両方《りょうほう》があるからこそ、調和《ちょうわ》が奏《かな》でられる。漆《うるし》は黒《くろ》で闇《やみ》。

羊羹《ようかん》も瞑想的《めいそうてき》！
お椀《わん》、日本料理《にほんりょうり》、羊羹《ようかん》が「瞑想《めいそう》」という言葉《ことば》でつながったね。

日本《にほん》の料理《りょうり》は瞑想的《めいそうてき》
谷崎《たにざき》は、日本《にほん》の料理《りょうり》は食《た》べるものでもなく、見《み》るものでもなく、瞑想的《めいそうてき》だという考《かんが》えを述《の》べているね。

食《た》べ物《もの》のことがテーマなのに、味《あじ》の話《はなし》は出《で》てこないね。もっと深《ふか》い何《なに》かについて言《い》っているのかも……。

に曇《くも》った肌《はだ》が、奥《おく》の方《ほう》まで日《ひ》の光《ひかり》を吸《す》い取《と》って夢《ゆめ》みる如《ごと》きほの明《あか》るさを啣《ふく》んでいる感《かん》じ、あの色《いろ》あいの深《ふか》さ、複雑《ふくざつ》さは、西洋《せいよう》の菓《か》子《し》には絶対《ぜったい》に見《み》られない。クリームなどはあれに比《くら》べると何《なん》と云《い》う浅《あさ》はかさ、単純《たんじゅん》さであろう。だがその羊羹《ようかん》の色《いろ》あいも、あれを塗《ぬ》り物《もの》の菓子器《かしき》に入《い》れて、肌《はだ》の色《いろ》が辛《かろ》うじて見分《みわ》けられる暗《くら》がりへ沈《しず》めると、ひとしお瞑想的《めいそうてき》になる。人《ひと》はあの冷《つめ》たく滑《なめら》かなものを口中《こうちゅう》にふくむ時《とき》、あたかも室内《しつない》の暗黒《あんこく》が一箇《いっこ》の甘《あま》い

ケーキの生《なま》クリームはすっごくおいしいのに、「浅《あさ》はか」で「単純《たんじゅん》」だなんて！　でも、何《なん》となく言《い》いたいことはわかるような気《き》もする……。

暗黒《あんこく》を味《あじ》わっている？

羊羹《ようかん》を食《た》べるときは、羊羹《ようかん》の甘《あま》さだけを味《あじ》わっているのではなく、ある部屋《へや》全体《ぜんたい》の暗《くら》さを味《あじ》わっていると言《い》っているんだ。だから瞑想的《めいそうてき》（自《じ》分《ぶん》がなくなるような気持《きも》ちよさ）なんだね。

暗《くら》さ・闇《やみ》が美《うつく》しい＝陰翳礼讃《いんえいらいさん》

明《あか》るくてよく見《み》えることが、必《かなら》ずしもいいわけではない。闇《やみ》の中《なか》で瞑想《めいそう》する心地《ここち》よささこそが、美《うつく》しいんだ！

ケーキはカラフルで、バーッと明《あか》るく見《み》えるから、複雑《ふくざつ》さがないってことなのかも。

塊《かたまり》になって舌《した》の先《さき》で融《と》けるのを感《かん》じ、ほんとうはそう旨《うま》くない羊羹《ようかん》でも、味《あじ》に異様《いよう》な深《ふか》みが添《そ》わるように思《おも》う。けだし（おそらく）料理《りょうり》の色《いろ》あいは何処《いずこ》の国《くに》でも食器《しょっき》の色《いろ》や壁《かべ》の色《いろ》と調和《ちょうわ》するようにに工夫《くふう》されているのであろうが、日本料理《にほんりょうり》は明《あか》るい所《ところ》で白《しら》ッちゃけた器《うつわ》で食《た》べては慥《たし》かに食慾《しょくよく》が半減《はんげん》する。たとえばわれ〳〵《われ》が毎朝《まいあさ》たべる赤味噌《あかみそ》の汁《しる》なども、あの色《いろ》を考《かんが》えると、昔《むかし》の薄暗《うすぐら》い家《いえ》の中《なか》で発達《はったつ》したものであることが分《わか》る。

作品《さくひん》紹介《しょうかい》

『陰翳礼讃《いんえいらいさん》』

日本文化《にほんぶんか》は暗《くら》さ・陰《かげ》がいいというエッセイ。「明《あか》るさ」と「暗闇《やみ》」を対比《たいひ》させながら、日本《にほん》の美意識《びいしき》について述《の》べている。

作家《さっか》紹介《しょうかい》

谷崎潤一郎《たにざきじゅんいちろう》

小説《しょうせつ》『刺青《しせい》』が永井《ながい》荷風《かふう》に評価《ひょうか》され、耽美派《たんびは》作家《さっか》として有名《ゆうめい》に。代表作《だいひょうさく》は、『春琴抄《しゅんきんしょう》』、『細雪《ささめゆき》』また『源氏物語《げんじものがたり》』の現代語訳《げんだいごやく》もしている。

暗《くら》い中《なか》から生《う》まれたお味噌汁《みそしる》

お味噌汁《みそしる》は暗《くら》い家《いえ》から生《う》みだされたもので、それがすばらしいということだよ。

明《あか》るいからよく見《み》えるなあ

陰《かげ》があるのは、味《あじ》わい深《ぶか》いなあ

近代文学《きんだいぶんがく》

13

人間社会《にんげんしゃかい》のあるべき姿《すがた》とは？

『学問《がくもん》のすゝ《す》め』福沢諭吉《ふくざわゆきち》

福沢諭吉《ふくざわゆきち》は、思想家《しそうか》として、また先生《せんせい》としても活躍《かつやく》した人《ひと》だよ。諭吉《ゆきち》は、自分《じぶん》の生徒《せいと》たちだけではなく、本《ほん》を通《とお》して日本中《にほんじゅう》の人《ひと》たちにも大切《たいせつ》なことを教《おし》えてくれた人《ひと》。何《なに》を教《おし》えてくれたのか、読《よ》み取《と》ってみよう。

この文《ぶん》、有名《ゆうめい》だよね。覚《おぼ》えておこうっと。

「されば」は「だから」。ここから、前《まえ》の文《ぶん》の結論《けつろん》を言《い》うよっていう目印《めじるし》だね。

「天《てん》は人《ひと》の上《うえ》に人《ひと》を造《つく》らず人《ひと》の下《した》に人《ひと》を造《つく》らず」と言《い》えり。されば天《てん》より人《ひと》を生《しょう》ずるには、万人《ばんにん》は万人《ばんにん》みな同《おな》じ位《くらい》にして、生《うま》れながら貴賤上下《きせんじょうげ》の差別《さべつ》なく、万物《ばんぶつ》の霊《れい》たる身《み》と心《こころ》との働《はたら》きをもって天地《てんち》の間《あいだ》にあるよろずの物《もの》を資《と》り、もって衣食住《いしょくじゅう》の用《よう》を達《たっ》し、自由自在《じゆうじざい》、

諭吉《ゆきち》は、天《てん》（神《かみ》さま）は人《ひと》の上下《じょうげ》を作ったりしてない！と言《い》っているんだね。

互《たが》いに人《ひと》の妨《さまた》げをなさずしておのおの安楽《あんらく》にこの世《よ》を渡《わた》らしめ給《たま》うの趣意《しゅい》なり。」されども今《いま》、広《ひろ》くこの人間《にんげん》世界《せかい》を見渡《みわた》すに、かしこき人《ひと》あり、おろかなる人《ひと》あり、貧《まず》しきもあり、富《と》めるもあり、貴人《きじん》もあり、下人《げにん》もありて、その有様《ありさま》雲《くも》と泥《どろ》との相違《そうい》あるに似《に》たるはなんぞや。その次第《しだい》ははなはだ明《あき》らかなり。『実語《じつご》教《きょう》』に、「人《ひと》学《まな》ばざれば智《ち》なし、智《ち》なき者《もの》は愚人《ぐじん》なり」とあり。されば賢人《けんじん》と愚人《ぐじん》との別《べつ》は学《まな》ぶと学《まな》ばざるとによりてできるものなり。

「雲泥《うんでい》の差《さ》」とは「天《てん》と地《ち》の差《さ》」、つまり、大《おお》きくかけ離《はな》れた違《ちが》いや隔《へだ》たりがあることを言《い》うよ。

自分《じぶん》で問《と》いを立《た》てて答《こた》える

「なんぞや」と問《と》いを立《た》てて、この後《あと》からその答《こた》えを述《の》べているね。諭吉《ゆきち》が読者《どくしゃ》に語《かた》りかけるように書《か》いているんだよ。

『実語教《じつごきょう》』からの引用《いんよう》だから、「」でくくってあるんだ。

「されども」は「しかし」。ここから、前《まえ》の文《ぶん》とは反対《はんたい》のことを言《い》うよっていう目印《めじるし》だね。

「雲《くも》」と「泥《どろ》」なんて、極端《きょくたん》な例《たと》えだけど、イメージはわかるね。

ここ重要《じゅうよう》な一文《いちぶん》!

「賢人《けんじん》（かしこい人《ひと》）」と「愚人《ぐじん》（おろかな人《ひと》）」の区別《くべつ》は、元《もと》からあるものではなく、学《まな》ぶかどうかにかかっている。つまり、学《まな》べばだれだって「賢人《けんじん》」になれるんだ!

人間《にんげん》社会《しゃかい》とはどうあるべきか?

昔《むかし》は……

身分《みぶん》の高《たか》い人《ひと》

身分《みぶん》の低《ひく》い人《ひと》

でも、**もともと**は……

安楽《あんらく》!　自由《じゆう》!　平等《びょうどう》!

自分《じぶん》の自由《じゆう》を大切《たいせつ》にしつつ、ほかの人《ひと》のジャマをしない。人間社会《にんげんしゃかい》とは、本来《ほんらい》こういうこと!

「学《まな》び」でだれもが豊《ゆた》かに!

人間《にんげん》は皆平等《みなびょうどう》とはいえ、実際《じっさい》にはいろんな人《ひと》がいる。
でも、学《まな》ぶことでみんな「雲《くも》」チームになれる。学《まな》んで独立《どくりつ》した人《ひと》になって日本《にほん》を支《ささ》えよう! という諭吉《ゆきち》の励《はげ》ましのメッセージだよ。

学《まな》ぶことで、泥《どろ》から雲《くも》へ!

雲《くも》チーム(学《まな》んだ人《ひと》)

- かしこき人《ひと》
- 富《と》める人《ひと》
- 貴人《きじん》

泥《どろ》チーム(学《まな》ばない人《ひと》)

- おろかなる人《ひと》
- 貧《まず》しき人《ひと》
- 下人《げにん》

作品紹介《さくひんしょうかい》

『学問《がくもん》のすゝ《す》め』

人《ひと》はもともと平等《びょうどう》だけど、学《まな》ぶか学《まな》ばないかによって人生《じんせい》が大《おお》きく変《か》わる。明治維新《めいじいしん》、近代化《きんだいか》という新《あたら》しい時代《じだい》を生《い》きる日本人《にほんじん》に向《む》けて、学問《がくもん》や政治《せいじ》、社会《しゃかい》、思想《しそう》の重要性《じゅうようせい》を述《の》べ、どう生《い》きるべきかを伝《つた》えた大《だい》ベストセラー本《ほん》。

作家紹介《さっかしょうかい》

福沢諭吉《ふくざわゆきち》

下級武士《かきゅうぶし》の家《いえ》に生《う》まれたが、みずから蘭学《らんがく》や英学《えいがく》を学《まな》び、咸臨丸《かんりんまる》でアメリカにわたる。慶應義塾《けいおうぎじゅく》を創設《そうせつ》して思想活動《しそうかつどう》を展開《てんかい》し、明治《めいじ》を代表《だいひょう》する啓蒙思想家《けいもうしそうか》に。著作《ちょさく》に『文明論之概略《ぶんめいろんのがいりゃく》』『福翁自伝《ふくおうじでん》』など。

第《だい》2章《しょう》

中学入試《ちゅうがくにゅうし》の文章《ぶんしょう》を読《よ》んでみよう！

論説《ろんせつ》
1

心《こころ》のエネルギーを節約《せつやく》してはいけない

『こころの処方箋《しょほうせん》』河合隼雄《かわいはやお》
新潮社《しんちょうしゃ》

今まで運動などまったくしなかったのに、ふと友人にさそわれてテニスをはじめると、それがなかなかおもしろい。だんだんと熱心にテニスの練習に打ちこむようになる。そんなときに、仕事の方は、前より能率が悪くなっているだろうか。あんがい、以前と変わらないことが多い。テニスの練習のために、以前よりも朝一時間早く起きているのに、仕事をさぼるどころか、むしろ、仕事に対しても意欲的になっている、というときもあるだろう。

もちろん、ものごとには限度ということがあるから、趣味に力を入れれば入れるほど、仕事もよくできる、などと簡単には言えないが、ともかく、エネルギーの消耗《しょうもう》

楽《たの》しいことをすると、ほかのこともがんばれるっていうこと、自分《じぶん》にもあるかなあ。論説文《ろんせつぶん》の最初《さいしょ》にこういう具体例《ぐたいれい》があると、読《よ》んでみたくなるね。

エネルギーは「単《たん》純計算《じゅんけいさん》」ではない

「片方《かたほう》でおさえると、片方《かたほう》で多《おお》くなる」ということはなく、「ついやすことで量《りょう》が増《ふ》える」と言《い》っているね。

ここは、普通《ふつう》ならこう考《かんが》えるけど、じつはちがう！という筆者《ひっしゃ》の主張《しゅちょう》。大事《だいじ》なところだよ。

61ページで、どういうことかを具体的《ぐたいてき》に説明《せつめい》するよ。

この文章《ぶんしょう》のキーワード

テニスの例《れい》や、単純《たんじゅん》計算《けいさん》ではないという話《はなし》を通《とお》して、何《なに》について言《い》いたいかといえば、この「人間《にんげん》の心《こころ》のエネルギー」についてだね。ここはおさえておこう！

を片方でおさえると、片方で多くなる、というような単純計算が成立しないことは了解されるであろう。片方でエネルギーをついやすことが、かえって他の方に用いられるエネルギーの量も増加させる、というようなことさえある。

以上のことは、人間は「もの」でもないし「機械」でもない、生きものである、という事実によっている。人間の心のエネルギーは、多くの「鉱脈《こうみゃく》」のなかにうずもれていて、新しい鉱脈をほり当てると、これまでとは異なるエネルギーが供給されてくるようである。このような新しい鉱脈をほり当てることなく、「手持ち」のエネルギーだけにたよろうとするときは、確かに、それを何かに使用すると、その分だけどこかで節約しなければならない、という感じになるようである。

このように考えると、エネルギーの節約ばかり考えて、新しい鉱脈をほり当てるのをおこたっている人は、宝の

どうして「単純計算《たんじゅんけいさん》」が成《な》り立《た》たないかっていうと、人間《にんげん》は「生《い》きもの」だからってことか！「もの」や「機械《きかい》」なら成《な》り立《た》つんだね。

エネルギーを「節約《せつやく》」することと「ほり当《あ》てる」こと

ここでは、「節約《せつやく》する」と「ほり当《あ》てる」が対比的《たいひてき》に使《つか》われているね。

この対比表現《たいひひょうげん》は、「人間《にんげん》の心《こころ》のエネルギー」の使《つか》い方《かた》についての説明《せつめい》だよ。

筆者《ひっしゃ》は、心《こころ》のエネルギーをどんなふうに使《つか》うべきだと考《かんが》えているか、それを読《よ》み取《と》ろう！

使《つか》えば使《つか》うほど、元気《げんき》になるってことかな！
新《あたら》しいエネルギーが生《う》まれると、つかれないんだ！

持ちぐされのようなことになってしまう。あるいは、ほり出されないエネルギーが、底の方で動くので、何となくイライラしていたり、時にエネルギーの暴発現象《ぼうはつげんしょう》を起こしたりする。これは、いつも無愛想《ぶあいそう》に、感情をめったに表に出さない人が、ちょっとしたことで、カッとおこったりするような現象としてあらわれたりする。

自分のなかの新しい鉱脈をうまくほり当ててゆくと、人よりは相当に多く動いていても、それほどつかれるものではない。それに、心のエネルギーはうまく流れると効率のいいものなのである。他人に対しても、心のエネルギーを節約しようとするよりも、むしろ、上手に流してゆこうとする方が、効率もよいし、そのことを通じて新しい鉱脈の発見に至ることもある。心のエネルギーの出しおしみは、結果的に損《そん》につながることが多いものである。

心《こころ》のエネルギーは「流《なが》してゆく」

電気《でんき》や熱《ねつ》はたくわえる（貯《た》める）ことが大事《だいじ》だけど、心《こころ》のエネルギーは「流《なが》してゆく」方《ほう》が、むしろ効率《こうりつ》がいいという、筆者《ひっしゃ》の主張《ちょう》。

ここ重要《じゅうよう》な一文《いちぶん》！

心《こころ》のエネルギーを、電気《でんき》や熱《ねつ》と同《おな》じように、なるべく使《つか》わずに貯《た》めておこうとすると、結果的《けっかてき》に「損《そん》」をすると言《い》っているんだね。

だから、どんどん「流《なが》してゆこう」と言《い》っているんだ。

心《こころ》のエネルギーは「単純計算《たんじゅんけいさん》」ではないとはどういうことか?

心《こころ》のエネルギーの全量《ぜんりょう》

勉強《べんきょう》へのエネルギー　スポーツへのエネルギー

×

勉強《べんきょう》へのエネルギー　スポーツへのエネルギー

「今週《こんしゅう》はあまりスポーツしなかったから、勉強《べんきょう》がんばれる!」……という「単純計算《たんじゅんけいさん》」にはならない。

心《こころ》のエネルギーの全量《ぜんりょう》

◎

勉強《べんきょう》へのエネルギー　スポーツへのエネルギー

「今週《こんしゅう》は勉強《べんきょう》をがんばったから、スポーツももっとがんばれた!」……となって、心《こころ》のエネルギー量《りょう》の全体《ぜんたい》が増《ふ》える! というのが筆者《ひっしゃ》の考え。

心《こころ》のエネルギーは「貯《た》める」ものではなく、「流《なが》す」ものだ!

心《こころ》のエネルギーは、使《つか》うことで新《あたら》しい鉱脈《こうみゃく》がほり当《あ》てられ、それがあらたなエネルギーになる。その「流《なが》れ」によって増《ふ》えていくということ!

筆者《ひっしゃ》がいいと思《おも》う
心《こころ》のエネルギーのサイクル

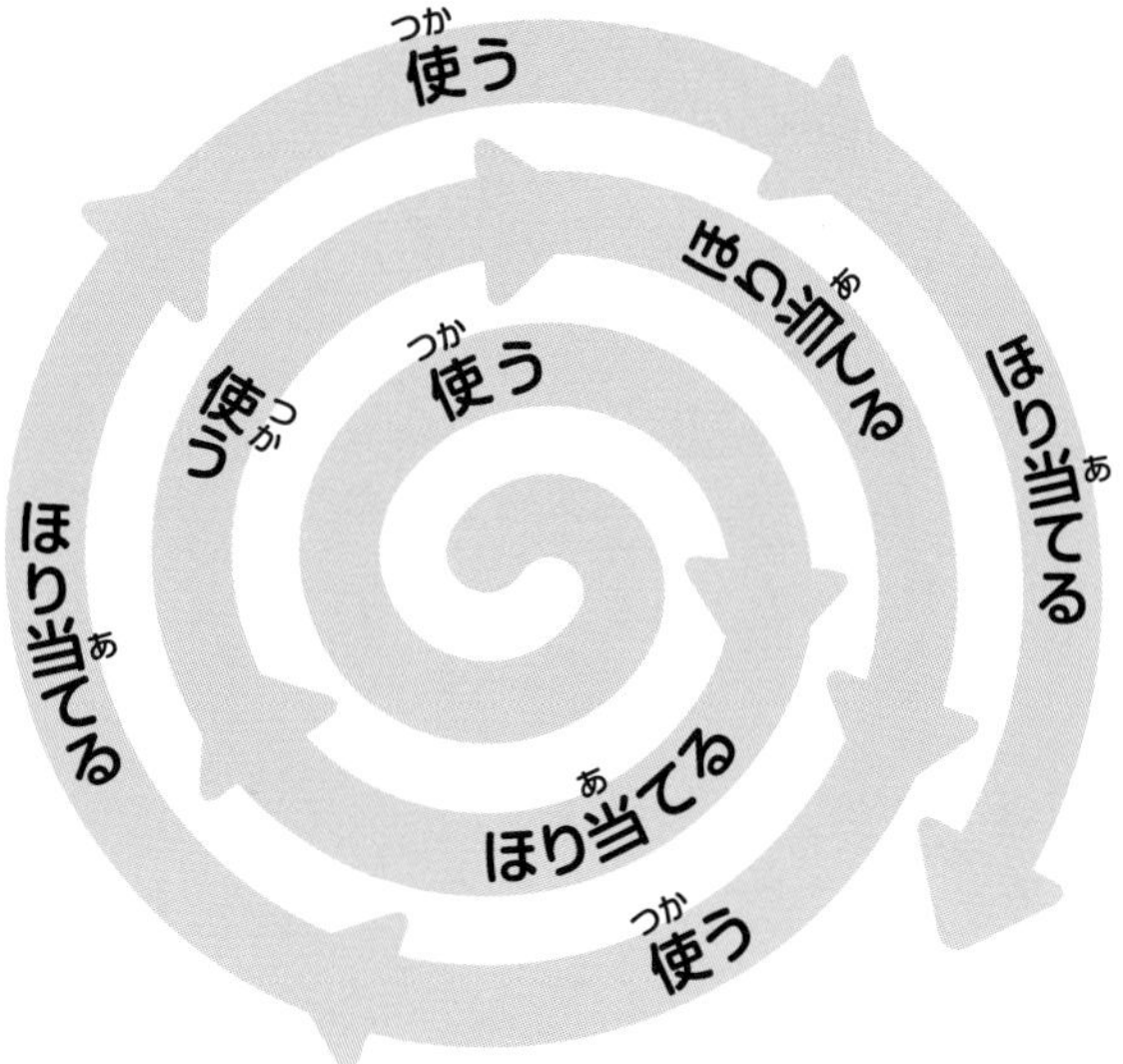

使《つか》う
ほり当《あ》てる
使《つか》う
ほり当《あ》てる
使《つか》う
ほり当《あ》てる
ほり当《あ》てる
使《つか》う

論説《ろんせつ》

2

若《わか》さには世界《せかい》を変《か》える力《ちから》がある

『何《なん》のために「学《まな》ぶ」のか』所収《しょしゅう》「学《まな》ぶことの根拠《こんきょ》」小林康夫《こばやしやすお》

筑摩書房《ちくましょぼう》

人間がつくり出したものは数えきれず、一人では到底学びきれない。人間は学ぶべきことを増やしすぎたのではないかと思うほどだ。

Ⓐたしかに、何をするにせよ勉強して覚えるべきことは多い。何か新発見をするほどの研究者になりたいのであればなおさらだ。Ⓑしかし知識量で勝《まさ》る者が強者かというと、現実はそうなっていない。実は新発見というものは、発見者が一五～一六歳の頃からその種を自分の中に宿《やど》していることが多い。つまり、あなたたちの年になにかの「種」が宿されるということ。これは分野によらない。このことが端的に示しているのは、世界を変える力は知識

ここでは15～16歳《さい》って言《い》っているから、中学《ちゅうがく》生《せい》から高校生《こうこうせい》くらいかな。その時《とき》に自分《じぶん》の中《なか》に「種《たね》」ができているんだね！いまから楽《たの》しみだなあ。どんな「種《たね》」なんだろう？

一般的《いっぱんてき》に言《い》われていることと、ちがう主張《しゅちょう》

知識量《ちしきりょう》が多《おお》い人《ひと》がすごいと思《おも》いがちだけど、筆者《ひっしゃ》はそうじゃないと言《い》っているんだね。「たしかにⒶしかしⒷ」のセットは大事《だいじ》。一般的《いっぱんてき》な意見《いけん》Ⓐとちがう意見《いけん》Ⓑを述《の》べているところは、論説文《ろんせつぶん》では大事《だいじ》だよ。

「若《わか》い」ことは不利《ふり》なのではなく「力《ちから》」になるって言《い》っているんだね。

たしかに、大人《おとな》になって間違《まちが》えたり失敗《しっぱい》したりすると、恥《は》ずかしいかも……。だから、新《あたら》しいことに挑戦《ちょうせん》しなくなったりするのかもしれないなあ。

ではなく「若い力」だということだ。若い力とは「知らない」力であり、「知っている」ということよりも「知らない」ということのほうが重要なのである。

理由の一つが「エラー」、つまり「失敗」する可能性だ。膨大な知識の体系に分け入った若者は、それを骨肉化《こつにくか》しようとするとき、誤った理解をすることもしばしばある。物事は、教えられたとおりに学ぶとは限らないからだ。新発見は、それまでの常識からすればエラー、あるいはアクシデントと呼ばれる事態の中でなされることが多い。人間が何かを成し遂《と》げる力は、エラーにこそある。生物としての人類もそうやって進化してきたはず。突然変異《とつぜんへんい》というエラーを利用することで環境に適応し、生き残ってきたのだから。歳《とし》をとると失敗を恥じるようになり、エラーを起こせなくなっていくが、エラーを恐れてはならない。若さとは、弱点であると同時に世界を変えていく力でもあるのだ。

失敗《しっぱい》から新《あら》たな発見《はっけん》が生《う》まれる！

ここも、一般的《いっぱんてき》に考《かんが》えられていることとちがうことを言《い》っているね。失敗《しっぱい》は、ふつうは「よくないこと」なんだけど、ここでは新発見《しんはっけん》の元《もと》だと言《い》っているんだ。「失敗は成功《せいこう》の母《はは》」ということわざに近《ちか》いね。

ここ重要《じゅうよう》な一文《いちぶん》！

「若《わか》さ」は、知識《ちしき》や経験《けいけん》が不足《ふそく》しているという点《てん》では弱点《じゃくてん》だけど、その一方《いっぽう》で世界《せかい》を変《か》える力《ちから》を持《も》っていると言《い》っているんだね！

「もう、いいや」とするのではなく、粘《ねば》るのが大事《だいじ》なんだね。
30年《ねん》も疑問《ぎもん》を持《も》ち続《つづ》けるってすごいね！

物理学者のある友人は、高校で教わった「虚《きょ》数《すう》単《たん》位《い》」が大人になってもずっと頭にひっかかっていたという。「よくわからない。気持ち悪い。なんかおかしい」という思いを、彼は長い間、頭の片隅に置いておいた。三〇年後、彼はその虚数を利用してまったく新しいタイプの電子顕微鏡を発明するのだが、皆さんの年頃に抱いたほんの少しの違《い》和《わ》感と疑問を持ち続け、それが花開いたのだという。

「知らない」ことは大きな力にもなりうる。エラーをする可能性はおおいにあるが、それは、誰も考えつかなかったことを行う可能性でもある。学校では「間違えてはならない」という雰囲気が形成されがちだが、それは世界を変える力を逆に失わせてしまうことになるかもしれない。

「知《し》らない」ことは、悪《わる》いことばかりではない

ここでも、一般的《いっぱんてき》な考《かんが》えとはちがう主張《しゅちょう》をしているよね。「知《し》らない」と失敗《しっぱい》もしてしまうけど、その分《ぶん》、だれも考《かんが》えつかなかったスゴイことをやってのける可能性《かのうせい》もあるんだね。

間違《まちが》えることにビクビクしなくてもいいのかな。なんか自信《じしん》がついた気《き》がする！

「エラー」「失敗《しっぱい》」こそが新発見《しんはっけん》につながる！

もうだめだ……。
立《た》ち直《なお》れない。
どうしよう。

ふつうは……

「エラー」
「失敗《しっぱい》」

でも、本当《ほんとう》は……

これは「新発見《しんはっけん》」のチャンス！
だれも考《かんが》えつかなかったことができるかも!?
スゴイぞ自分《じぶん》！

そもそもわたしたち人類《じんるい》は、「突然変異《とつぜんへんい》」という「エラー」のおかげで進化《しんか》してきたんだから、エラーや失敗《しっぱい》にビビることはないんだ！

「若《わか》さ」の持《も》つ力《ちから》とは？

筆者《ひっしゃ》は、「若《わか》さ」は力《ちから》であり、「知《し》らない」力《ちから》だと言《い》っているね。
この文章《ぶんしょう》では、「若《わか》さ」「力《ちから》」「知《し》らない」「エラー」「失敗《しっぱい》」がキーワードになっているよ。
これらキーワードの関係《かんけい》を改《あらた》めて整理《せいり》してみよう。

若《わか》いと、知《し》らない（ことが多《おお》い）

知《し》らないから、エラーや失敗《しっぱい》をする

エラーや失敗《しっぱい》は「新発見《しんはっけん》」のチャンス

「新発見《しんはっけん》」は世界《せかい》を変《か》える

「若《わか》さ」は世界《せかい》を変《か》える！

これが、「若《わか》さ」の持《も》つ「力《ちから》」だと筆者《ひっしゃ》は言《い》っているよ。

論説《ろんせつ》

3

思《おも》い込《こ》みにしばられない

『「しがらみ」を科学《かがく》する——高校生《こうこうせい》からの社会心理学入門《しゃかいしんりがくにゅうもん》』

山岸俊男《やまぎしとしお》　筑摩書房《ちくましょぼう》

決《き》まりきった考《かんが》え方《かた》、やり方《かた》という意味《いみ》。もし意味《いみ》がわからなくても、直前《ちょくぜん》に「差別《さべつ》や偏見《へんけん》のもとになっている」とあるから、いい意味《いみ》の言葉《ことば》ではないことはわかるよね。

「ここから話《はなし》が変《か》わります」という合図《あいず》。どんな話《はなし》からどんな話《はなし》に変《か》わるのか、読《よ》み取《と》ろう。

　こうした「思い込み」は血液型についてだけじゃなくて、差別や偏見のもとになっているステレオタイプについても言えることで、日本人は何とかだとか、アメリカ人にはこういう傾向があるとか、黒人はなんとかだというたぐいのステレオタイプも、そう思っている本人にとっては、自分の個人的な経験からあたっていると思い込んでるんだよ。そういう人たちに、科学的な手続きを使って調べた結果を見せても、「だって自分の知ってる人は、みんなそうなんだから」といって、考えを変えようとしないんだ。

　さて、ここで言いたかったことは、血液型性格判断に

キーワードだから「　」がついている！

思《おも》い込《こ》みというのはふつうの言葉《ことば》だけど、これに「　」がついているから、この文章《ぶんしょう》の中《なか》では特別《とくべつ》な言葉《ことば》として使《つか》われていることがわかるね。

反対《はんたい》の意味《いみ》の言葉《ことば》も要《よう》チェック

「個人的《こじんてき》な経験《けいけん》」と「科学的《かがくてき》に調《しら》べた結果《けっか》」は、反対《はんたい》の意味《いみ》だね。読解問題《どっかいもんだい》では、こういう対比《たいひ》にも注目《ちゅうもく》だよ。

へえ〜、おもしろい！血液型判断《けつえきがたはんだん》は、時間《じかん》の経過《けいか》とともにどんどんあたるようになっているなんて！そっかあ、みんなの受《う》け止《と》め方《かた》が変《か》わるってことなんだね。

根拠がないのに、たくさんの人たちが信じてしまうってことじゃなくて、血液型性格判断を信じている人の性格が、ほんとうに血液型性格判断の通りになる場合もあるってことなんだ。このことについては、山崎賢治さんと坂元章さんという社会心理学者が研究してるんだよ（日本社会心理学会大会論文集、一九九一年、一九九二年）。

山崎さんと坂元さんは、一九七八年から八八年までの間に、血液型と性格特性との関係が強くなってきているという調査データの分析をしています。たとえばA型の人がA型の人に当てはまるとされている性格特性を持っていると自分で思っている程度、つまり血液型性格判断が「あたっている」程度が、一九七八年よりも一九八八年のほうが強くなっているということ。同じことは、別の血液型についても言えるんだよ。

ということは、みんなが血液型判断をあたっていると思い込むことで、ほんとうにそうした性格特性を知らず

性格判断《せいかくはんだん》を信《しん》じている人《ひと》が、その通《とお》りになるという根拠《こんきょ》

これは、筆者《ひっしゃ》の主張《しゅちょう》でもあるけれど、筆者《ひっしゃ》の主観的《しゅかんてき》な意見《いけん》ではなく、調査《ちょうさ》データという科学的《かがくてき》な根拠《こんきょ》があると言《い》っているんだね。

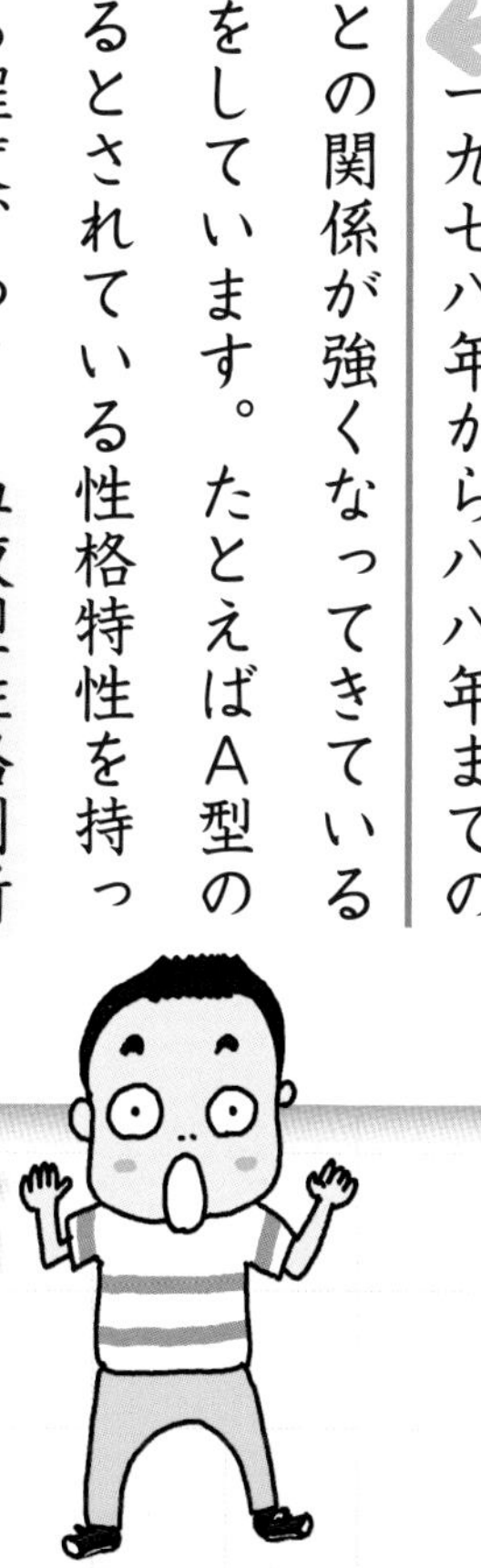
A型《がた》の人《ひと》は細《こま》かいって言《い》われると、A型《がた》の友《とも》だちを思《おも》い浮《う》かべて「そうかー」なんて思《おも》っちゃうもんね。

楽《たの》しく見《み》る分《ぶん》にはいいけど、信《しん》じすぎたり頼《たよ》りすぎないことが大事《だいじ》なのかな。
出身地《しゅっしんち》とか血液型《けつえきがた》とか星座《せいざ》とかで、決《き》めつけない方《ほう》がいいね。

知らずのうちに身につけるようになってきたということなんだと考えられます。自分は何とか型だからこういうときにはこういった行動を取るんだよねと思い込んで、ほんとうにそうした行動を取るようになってしまう。また、○○ちゃんは何型だから、やっぱりこういう性格なんだねって言われ続けてると、そういう性格を身につけてしまう、ってこと。

こうしたことは血液型性格判断だけだとあんまり害はないけど、まわりからの偏見にさらされていると、ほんとうにそうした偏見に応じた考え方をしたり、行動をするようになってしまう可能性があるってことだから、偏見やステレオタイプが予言の自己実現を生み出してしまうってことには十分に気をつけておかないといけないんだよ。

繰《く》り返《かえ》しの表現《ひょうげん》は、筆者《ひっしゃ》の強調《きょうちょう》したいこと

- 思《おも》い込《こ》みで身《み》につけるようになってきた
- 思《おも》い込《こ》んで行動《こうどう》を取《と》るようになってしまう
- 言《い》われ続《つづ》けると身《み》につけてしまう

これらはすべて、「思《おも》い込《こ》むことでその通《とお》りになる」ということの言《い》い換《か》えだね。何度《なんど》も繰《く》り返《かえ》されているから、大事《だいじ》な内容《ないよう》だよ。

ここ重要《じゅうよう》な一文《いちぶん》！

思《おも》い込《こ》み、ステレオタイプ、偏見《へんけん》がその通《とお》りになってしまうということを、科学的根拠《かがくてきこんきょ》とともに述《の》べたうえで、筆者《ひっしゃ》が一番《いちばん》言《い》いたいのは、「そこに気《き》づいて注意《ちゅうい》しなければならない」ということ。

「思《おも》い込《こ》み」が現《げん》実《じつ》を作《つく》る3ステップ

1 位置《いち》について

偏見《へんけん》やステレオタイプの見方《みかた》を思《おも》い込《こ》む

2 用意《ようい》！

思《おも》い込《こ》んだ通《とお》りに行動《こうどう》してしまう

3 スタート！

その行動《こうどう》が定着《ていちゃく》し、現実《げんじつ》となる

「思《おも》い込《こ》む」→「行動《こうどう》する」→「現実化《げんじつか》する」というプロセスで人《ひと》は走《はし》りがちだから、走《はし》り出《だ》す前《まえ》の❶の思《おも》い込《こ》みの時点《じてん》で注意《ちゅうい》することが大事《だいじ》なんだね。

「予《よ》言《げん》の自《じ》己《こ》実《じつ》現《げん》」の具《ぐ》体《たい》例《れい》

科学的《かがくてき》な根拠《こんきょ》のない「予言《よげん》」を信《しん》じ込《こ》み、その結果《けっか》起《お》きた社会的《しゃかいてき》な「騒動《そうどう》」がいくつかあるよ。その具体例《ぐたいれい》を三《みっ》つ挙《あ》げるので、興味《きょうみ》をもったら自分《じぶん》で調《しら》べてみたり、大人《おとな》に聞《き》いてみたりしよう！

昭和《しょうわ》 石油《せきゆ》ショックのトイレットペーパー騒動《そうどう》

1973（昭和《しょうわ》48）年《ねん》、中東戦争《ちゅうとうせんそう》で石油《せきゆ》の供給《きょうきゅう》がストップし、トイレットペーパーが不足《ふそく》するという噂《うわさ》が広《ひろ》がって全国《ぜんこく》で品切《しなぎ》れになった。

平成《へいせい》 天候不良《てんこうふりょう》で米《こめ》が不作《ふさく》になった〝米騒動《こめそうどう》〟

1993（平成《へいせい》5）年《ねん》、日照不足《にっしょうぶそく》と長雨《ながあめ》で米《こめ》が不作《ふさく》となり、国産米《こくさんまい》を確保《かくほ》しようとした消費者《しょうひしゃ》が米《こめ》を買《か》い占《し》めたことで、店頭《てんとう》から米《こめ》がなくなった。

令和《れいわ》 新型《しんがた》コロナのマスク騒動《そうどう》

2020（令和《れいわ》2）年《ねん》、新型《しんがた》コロナウイルスの感染拡大《かんせんかくだい》によりマスクが必需品《ひつじゅひん》となったことで、マスクの買《か》い占《し》めが行《おこな》われ、店頭《てんとう》から消《き》えた。

論説《ろんせつ》

4

循環《じゅんかん》する命《いのち》への感謝《かんしゃ》と共感《きょうかん》

『ユーモアの鎖国《さこく》』石垣《いしがき》りん

筑摩《ちくま》書房《しょぼう》

シジミも私《わたし》も「口《くち》をあけて」いたっていうのはおもしろいなあ。シジミも、殻《から》をあけて呼吸《こきゅう》していたのかもね。なんか、シジミに親近《しんきん》感《かん》がわくよね。

I

シジミ

夜中に目をさました。
ゆうべ買ったシジミたちが
台所のすみで
口をあけて生きていた。
「夜が明けたら
ドレミコレモ
ミンナクッテヤル」
鬼ババの笑いを
私は笑った。

カタカナ表記《ひょうき》の言葉《ことば》は、話者《わしゃ》を考《かんが》えよう

ここでカタカナになっているのは、これが「鬼《おに》ババ」の言葉《ことば》だから。

カタカナのセリフがあったら、だれのものか考《かんが》えてみよう。

「夜中《よなか》」「鬼《おに》ババ」とあるけど、こわいというより楽《たの》しそう！

それから先は
うっすら口をあけて
寝るよりほかに私の夜はなかった。

Ⅱ

買ってきたシジミを一晩水につけて置く。夜中に起きたらみんな口をあけて生きていた。あしたはそれらをすっかり食べてしまう。その私もシジミと同じ口をあけて寝るばかりの夜であることを、詩に書いたことがあります。

一人暮らしには五十円も買うと、一回では食べきれないシジミ。長く生かしてあげたいなどと甘い気持ちで二日おき、三日たつ間に、シジミは元気をなくし、ひとつ、またひとつ、パカッパカッと口をあけて死んでゆきました。

どっちみち死ぬ運命にあるのだから、シジミにとっては同じだろう、と思いましたが、ある日、やっぱりムダ死にさせてはいけないと身勝手に決めました。シジミをナベに入れるとき語りかけます。

「あのね、私といっしょに、もう少し遠くまで行きましょう」

命《いのち》を大切《たいせつ》にしたい！
シジミも私《わたし》も、同《おな》じ命《いのち》をもったいきものだから、大事《だいじ》にしたいという気持《きも》ちだね。

ここ重要《じゅうよう》な一文《いちぶん》！
「いっしょに遠《とお》くまで行《い》く」とはどういうこと？
下《した》の段《だん》で説明《せつめい》しているよ。

命《いのち》の循環《じゅんかん》を表現《ひょうげん》している

シジミを食《た》べるとき、シジミはすでに死《し》んでいる。
←
私《わたし》（人間《にんげん》）は、そのシジミを食《た》べて命《いのち》をつないでいる。
←
つまり、**私《わたし》（人間《にんげん》）の中《なか》でシジミは、命《いのち》をつなぐものとして働《はたら》いている**のだ！
←
だから、（おなかの中《なか》で）私《わたし》と一緒《いっしょ》にもう少《すこ》し生《い》きていきましょう、と言《い》っているんだよ。

論説《ろんせつ》

5

大人《おとな》になるとはどういうことか

『友《とも》だち幻想《げんそう》』菅野仁《かんのひとし》

筑摩書房《ちくましょぼう》

大人になるためにかならず必要なことなのだけれど、学校では教えないことが二つあります。

一つは、先《さき》に述《の》べた「気の合わない人間とも並存《へいぞん》しなければならない」ということと、そのための作法《さほう》です。

もう一つ教えないことは何かというと、「君にはこういう限界がある」ということです。そもそも人間が生きているかぎり、多かれ少なかれ限界や挫折《ざせつ》というものは必ずやってくるものです。

それを乗り越えるための心構《こころがま》えを少しずつ養っておく必要があるのですが、いまの学校では、「君たちには無限の可能性がある」というようなメッセージばかりが強くて、「人には誰にでも限界がある」「いくら頑張《がんば》ってもダメなことだってある」ということまでは、教えてくれません。

反対《はんたい》の意味《いみ》の言葉《ことば》が出《で》てきたら、要《よう》チェック！

「限界《げんかい》」と「無限《むげん》」は反対《はんたい》の意味《いみ》で、矛盾《むじゅん》しているということ。

ここで言《い》っているのは……《人間《にんげん》には「限界《げんかい》」があるのに、学校《がっこう》ではそれを教《おし》えず、「無限《むげん》」の可能性《かのうせい》があるというメッセージばかり伝《つた》えているから矛盾《むじゅん》だ》ということだよ。

その矛盾《むじゅん》が話《はなし》のテーマになるのかな、と予想《よそう》できるね。

「こうしたズレ」とは?

「競争《きょうそう》を抑《おさ》えようという雰囲気《ふんいき》があるにもかかわらず、実際《じっさい》は競争《きょうそう》がきつい『評価社会《ひょうかしゃかい》』になっているというズレ」

苦《にが》いものはイヤだし、おいしいとは思《おも》わないけど、大人《おとな》はその苦味《にがみ》を受《う》け入《い》れられるから、「余裕《よゆう》」があるんだね。いつか、そんなときがくるのかなあ?

子どもたちを傷つけてはいけないとか、子どもはみんな可能性を秘《ひ》めているといった考えからなのか、いまの学校では、むかし以上に競争を最小限に抑えようという雰囲気《ふんいき》があるようです。評価も本当はしていないはずなのに、それが表からは見えにくいような工夫《くふう》がなされています。でも、一方で社会はいま、むかし以上にものすごく競争がきつくなっている「評価社会」なのです。

こうしたズレがあるので、社会に投げ出されたときにものすごいギャップを感じてしまうわけです。

（中略）

大人になるにつれて、いろいろな挫折を経験して自分の限界を知ったり、自分より優《すぐ》れている人間がこの世にはたくさんいるということを知らされたり、自分が思っているほどには自分は大した人間ではないということをいやでも思い知らされたりします。

これを私は人生の「苦味」とよんでいます。こうした苦味に耐《た》え切れずにルサンチマンの淵《ふち》に落ちたまま這《は》い上がって来れないような人間にだけはなって欲《ほ》しくはないものです。

でもその苦味を味わうという余裕《よゆう》が出来《でき》てこそ、人生の「うま

社会《しゃかい》で感《かん》じるギャップとは?

「ズレ」「ギャップ」の内容《ないよう》をおさえることが大事《だいじ》。これは75ページで説明《せつめい》するよ。

人生《じんせい》の「苦味《にがみ》」とは何《なに》か?

「苦味《にがみ》」はこの文章《ぶんしょう》の中《なか》のキーワードになっているよ。筆者《ひっしゃ》が「苦味《にがみ》」と言《い》っているのは、具体的《ぐたいてき》に何《なん》のことか。この場合《ばあい》は直前《ちょくぜん》の内容《ないよう》が「苦味《にがみ》」の説明《せつめい》にあたるから、それをしっかり理解《りかい》しておこう。

- 挫《ざ》折《せつ》して限界《げんかい》を知《し》ること
- 優《すぐ》れている人《ひと》がたくさんいると知《し》ること
- 自分《じぶん》は大《たい》した人間《にんげん》ではないと知《し》ること

← これらが「苦味《にがみ》」

味」というものを自分なりに咀嚼《そしゃく》（かみくだく）できるようになるのです。挫折の無い人生なんておよそ考えられません。どんなに優秀で、あるいは家庭的にも経済的にもとても恵まれているように見える人でも、必ずなにかしらの挫折を経験しているはずなのです。しかしそうは見えないとしたら、それは彼（あるいは彼女）がそうした挫折を自分の中で上手に処理して、その苦味をいつのまにか人生のうま味に変えてしまっているからなのです。「人が生きる」ということは本当にそういうものなのだと私は考えています。

例《たと》えば難しい仕事を何とかやりとげた喜びや、組織の中でそれなりにストレスなどを感じながらも評価されるとか、最初は自分には全然向かないと思った仕事がこなせたときに、「あ、自分って案外こういう分野でもできるのかな」というような知らない自分に出会ったりとか。そういううま味は、苦味の先にあるのです。

一言で言うと「苦味を味わうことを通して味わううま味」というものを経験できるようになることこそが、大人になるということなのだと思うのです。

ここ重要《じゅうよう》な一文《いちぶん》！

だれもが「うま味《み》」を味《あじ》わいたいと思《おも》うけれど、その「うま味《み》」は「苦味《にがみ》」を受《う》け入《い》れてはじめて感《かん》じられるもの、というのが筆者《ひっしゃ》の考《かんが》えだよ。

「大人《おとな》になる」「人《ひと》が生《い》きる」とは？

この部分《ぶぶん》が、「大人《おとな》になる」「人《ひと》が生《い》きる」についての、筆者《ひっしゃ》なりの答《こた》えになるね。次《つぎ》のページでも説明《せつめい》するよ。

苦《くる》しいことやイヤなことから逃《に》げずにがんばることが、大人《おとな》になるってことなのかな。

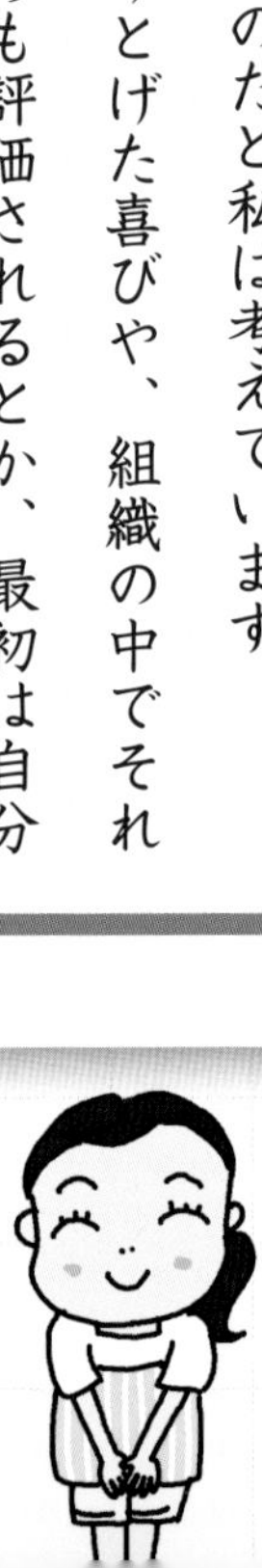

なぜ、社会《しゃかい》に出《で》ると「ギャップ」を感《かん》じるのか？

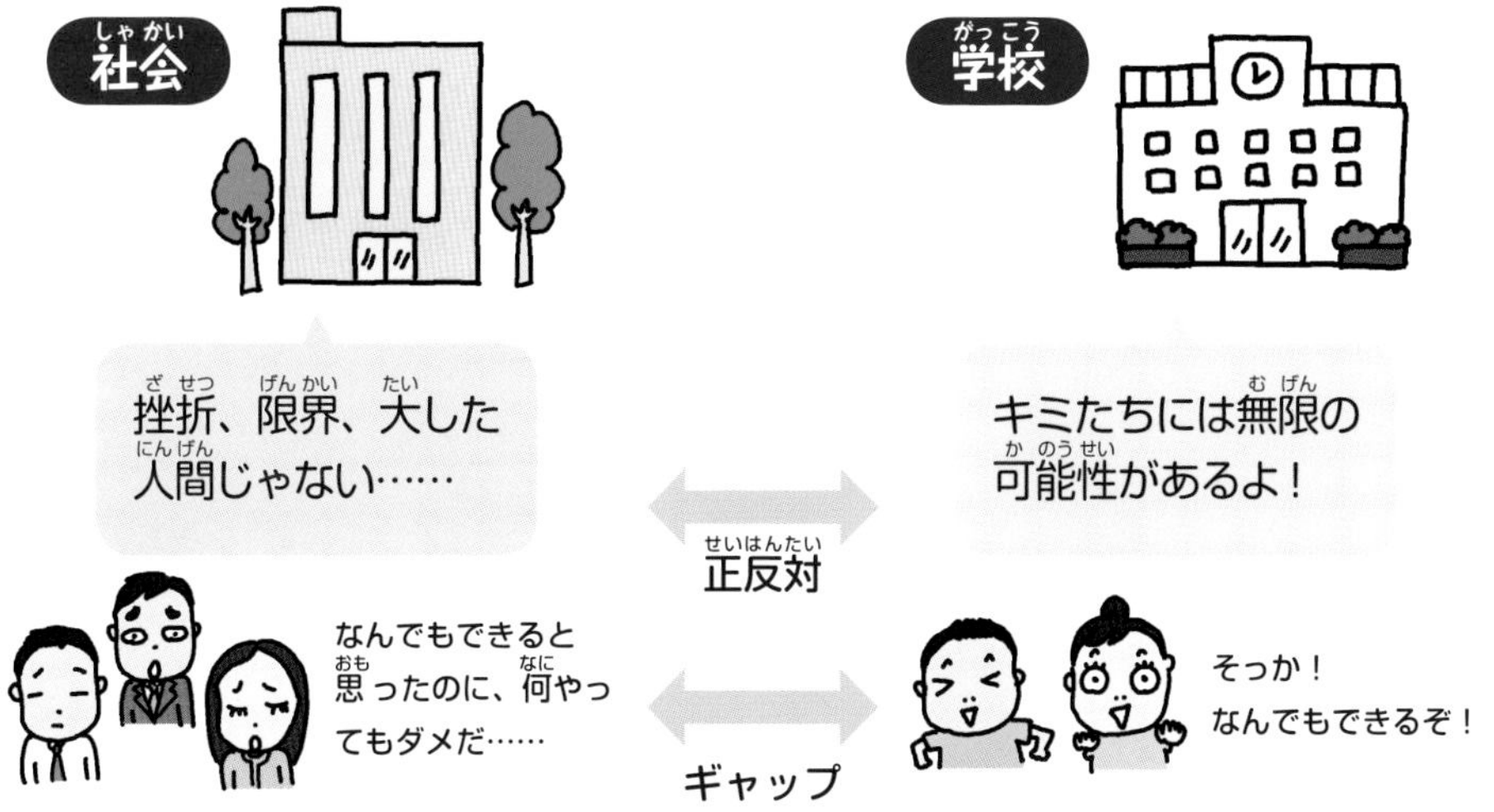
社会《しゃかい》
学校《がっこう》
挫折《ざせつ》、限界《げんかい》、大《たい》した人間《にんげん》じゃない……
キミたちには無限《むげん》の可能性《かのうせい》があるよ！
正反対《せいはんたい》
なんでもできると思《おも》ったのに、何《なに》やってもダメだ……
ギャップ
そっか！なんでもできるぞ！

「社会《しゃかい》の現実《げんじつ》」を学校《がっこう》で教《おし》えないから、社会《しゃかい》に出《で》るとギャップを感《かん》じてショックを受《う》けてしまう。
だから、学校《がっこう》でも「社会《しゃかい》の現実《げんじつ》」を教《おし》える必要《ひつよう》がある！　というのが筆者《ひっしゃ》の考《かんが》えでもあるね。

筆者《ひっしゃ》の考《かんが》える「大人《おとな》になる」とは？

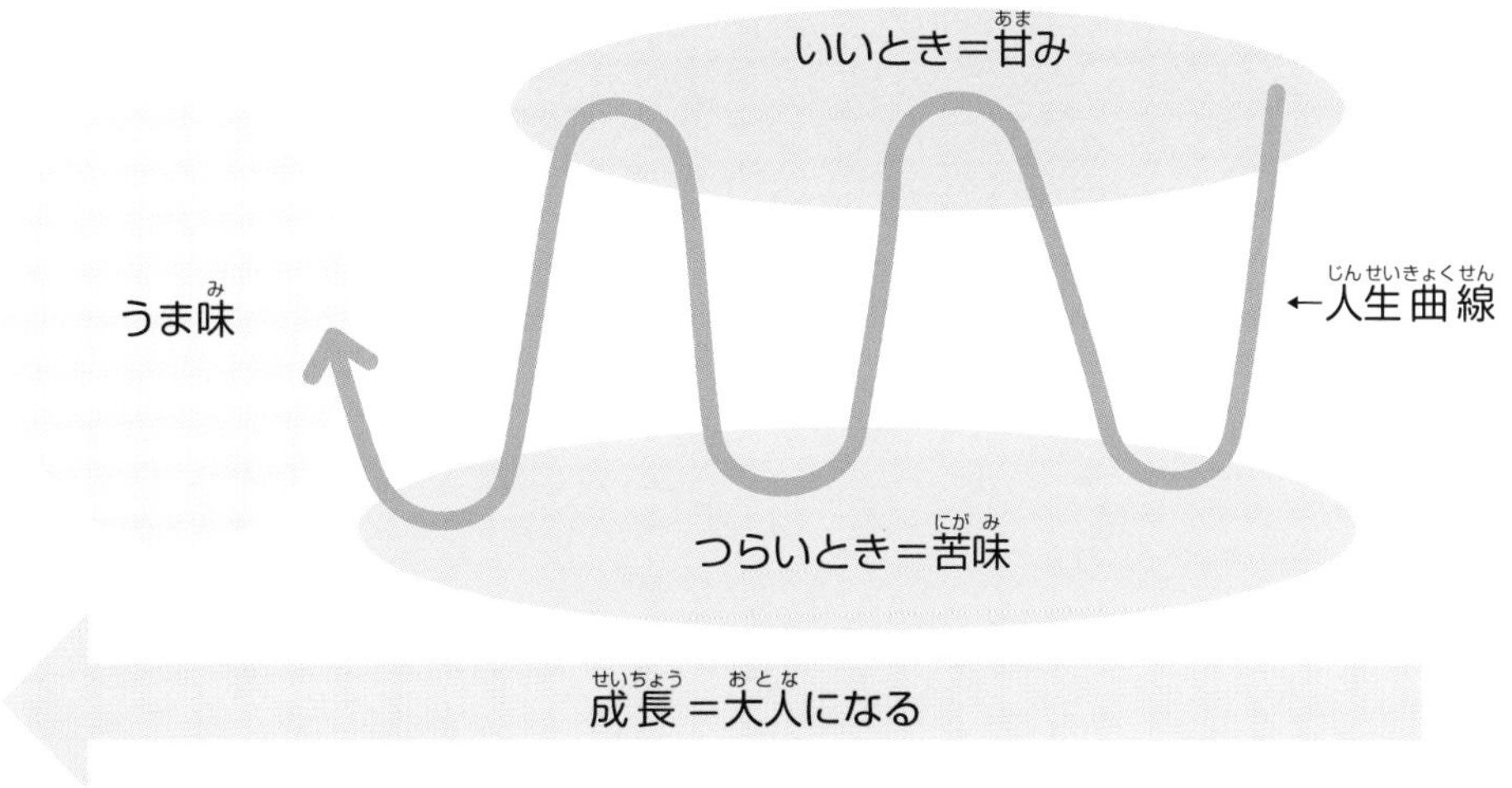
いいとき＝甘《あま》み
うま味《み》
←人生曲線《じんせいきょくせん》
つらいとき＝苦味《にがみ》
成長《せいちょう》＝大人《おとな》になる

人生《じんせい》には、いいことも悪《わる》いこともある。悪《わる》いことをさけて、いいことだけを経験《けいけん》しようとしてもムリ。
いいこと（甘《あま》み）も悪《わる》いこと（苦味《にがみ》）も経験《けいけん》して、じっくりと味《あじ》わうことができてこそ、人生《じんせい》の「うま味《み》」が得《え》られ、大人《おとな》になる！

論説《ろんせつ》 6

食《しょく》はアイデンティティである

『「食《た》べること」の進化史《しんかし》』石川伸一《いしかわしんいち》 光文社《こうぶんしゃ》

日本の国民食のひとつといえるものに、梅干しがあります。日本に来た外国人が、初めて梅干しを食べる動画がSNS《エスエヌエス》などに多数投稿《とうこう》されており、その多くは、見た目やにおいからは予想できない塩《しょ》っぱさに、顔をしかめたり、悶絶《もんぜつ》したりしています。この反応は、その人が日本の食文化《しょくぶんか》に馴染《なじ》んでいないことを示しています。つまり、梅干しのような日本っぽいものを普通に食べることは、そうした人が日本人である可能性が高いことを示す一方、驚くような反応を示す人はそうではないことを暗示《あんじ》しています。

スシや梅干しの例が示すのは、食が、集団や個人のアイデンティティにとって大事な要素であり、とりわけ、その人がどの国家や地域、人種・民族に属《ぞく》しているかを明らかにするものだ

食《た》べるものは国《くに》によってちがうもんね。カレーは好《す》きだけど、インドのカレーは辛《から》くてちょっと苦手《にがて》だし……。なじんだら食《た》べられるようになるのかなあ。

「アイデンティティ」はこの文章《ぶんしょう》のキーワード

「アイデンティティ」とは、「何者《なにもの》であるか」ということ。何回《なんかい》も登場《とうじょう》する言葉《ことば》だから、キーワードだということは気《き》づくよね。

「何者《なにもの》であるか」と「食《しょく》」について述《の》べる文章《ぶんしょう》かなという予測《よそく》がたつかな。

食《た》べ物《もの》のちがいについて、そんなふうに考《かんが》えたことなかったなあ。

ということです。人々の間で維持されてきた食文化は、個々の帰属《きぞく》意識を育《はぐく》む際に重要な役割を果たしています。たとえば、お正月に食べるおせち料理や雑煮《ぞうに》などは、家族のアイデンティティ、自己のアイデンティティの形成に関与してきたことでしょう。

梅干しを食べる、食べないといった食行動は、その人が〝うちわの仲間〟なのか、〝部外者〟なのかの違いを明確にします。そうした食による〝境界線〟が、アイデンティティを維持し、私たちに自分と他人を区別する認識をもたらしています。つまり、特定の食べものの選択や、特定の食べ方が、所属する集団を結束《けっそく》させる一方、その枠《わく》から外れる人は、集団から排除《はいじょ》される場合があるということです。食のアイデンティティは、集団における受容と排除というコインの裏表《うらおもて》のような二面性をもつ、とてもシンボリックなものとして私たちのごく身近に存在しています。

ここ重要《じゅうよう》な一文《いちぶん》！

「帰属意識《きぞくいしき》」とはその集団《しゅうだん》との一体感《いったいかん》ということ。何《なに》を食《た》べるかと、どこに所属《しょぞく》しているかは深《ふか》い関係《かんけい》があるということだね。

「食《しょく》」が「境界線《きょうかいせん》」になる

何《なに》を食《た》べるか、食《た》べないかによって、
- うちわの仲間《なかま》
- 部外者《ぶがいしゃ》

の区《く》分《わ》けができるということだね。

何《なに》を食《た》べるか＝自分《じぶん》が何者《なにもの》であるか

食《た》べるか食《た》べないかによって、
- どの集団《しゅうだん》に属《ぞく》すか
- 自分《じぶん》はどんな人間《にんげん》かが決《き》まる。

つまり、食《しょく》によって、「**自分《じぶん》が何者《なにもの》であるか**」がわかるということ。

論説《ろんせつ》
7

個《こ》の差異《さい》を理解《りかい》し尊重《そんちょう》する

『対話《たいわ》をデザインする――伝《つた》わるとはどういうことか』
細川英雄《ほそかわひでお》
筑摩書房《ちくましょぼう》

一般論《いっぱんろん》とはちがうことを述《の》べる！
「社会《しゃかい》という枠組《わくぐ》み」があると思《おも》っているのが多数派《たすうは》だけど、この文章《ぶんしょう》では、ちがう見方《みかた》をしますよ、っていうことだね。

社会という枠組《わくぐ》みがあって、その社会の内実として文化があると考える人も多いと思いますが、その社会という枠組み自体、とてもあいまいでよくわからないものです。たとえば、「日本人の文化」というとき、日本人という集団の持っている性格を指すということになりますが、それが具体的にどんなものなのか、だれにもわかりません。

社会のイメージということで前に少し触れたと思いますが、この場合、「日本人」という概念《がいねん》について個人一人ひとりが持っているイメージによって「日本人の文化は○○」ということになります。一人ひとりのイメージですから、当然のこととしてすべて異なるわけで、まったく同じイメージが存在するはずはありません。

「文化《ぶんか》」の罠《わな》とは？
この文章《ぶんしょう》を順番《じゅんばん》に読《よ》んでいくと、
❶個人一人《こじんひとり》ひとりの持《も》っているイメージがある
❷それは当然《とうぜん》ながら、すべてちがう
❸そこに「文化《ぶんか》」の罠《わな》がある
という論理《ろんり》になっているね。
つまり、文化《ぶんか》というと皆同《みなおな》じと思《おも》われがちだけど、その中《なか》にいる人《ひと》すべてのイメージがちがうから、文化《ぶんか》は一《ひと》つに決《き》まらない、ということだね。

個性《こせい》や個《こ》のちがいを大切《たいせつ》にしようってことなのかなあ。
同《おな》じ社会《しゃかい》にいるからといって、ひとくくりにはできないってことだね。

ところが、いつのまにか相手も自分と同じイメージを持っているだろうと思いこんでしまうところに、この「文化」の罠《わな》があるのです。

その一人ひとりの持っているイメージはどこから来るのかといえば、個人の感じ方や考え方あるいは価値観にあるということになります。すでに個人の中にある、このようなイメージによって、集団としての社会でのさまざまな事柄《ことがら》・事象《じしょう》を、あたかも実在するものであるかのように認識し、それを「○○の文化」としてとらえてしまっているわけです。

そのもとは、すべて個人の認識によるわけですから、実際は、「文化は個人の中にある」ということになります。これがすなわち「個の文化」なのです。

テーマを定め、そのテーマをもとに対話をする行為は、こうした、さまざまな「個の文化」の差異を認めつつ、お互いの主張を重ね合わせていくという行為に他《ほか》なりません。たんに白か黒か、どちらが勝ったとか負けたという世界ではなく、さまざまな共同と協働、また譲《ゆず》れること、譲れないことをしっかりと

ここでいう「対話《たいわ》」の意義《いぎ》とは？

対話《たいわ》とは、
❶「個《こ》の文化《ぶんか》」の差異《さい》を認《みと》めて
❷互《たが》いの主張《しゅちょう》を合《あ》わせていくことであり、
「自分《じぶん》がこの世界《せかい》でどう生《い》きるかを考《かんが》えること」だと言《い》っているね。
この文章《ぶんしょう》においての「対話《たいわ》」の意義《いぎ》をしっかりおさえておこう。

こう言《い》われると、すごく納得《なっとく》するなあ。親子《おやこ》でもきょうだいでも親友《しんゆう》でも、まったく同《おな》じってことはないもんね。「ここは同《おな》じだけど、ここはちがう」ということを大切《たいせつ》にしたいよね。

見きわめることを通して、自分がこの世界でどう生きるかを考えることだと思います。

世界中にまったく同じ個人は存在しません。「〜国」「〜人」「〜語」などの枠組みで個人を類型化してとらえるのではなく、一人ひとりの自律した個人として認めること、これが「個の文化」の考え方です。このように考えれば、他者はすべて異文化というブラックボックス、しかしだからこそ、わたしたちは、一人ひとりの感じ方や考え方あるいは価値観の差異を超えて、ともに生きることができるという思想にたどり着くはずです。

ここ重要《じゅうよう》な一文《いちぶん》！

つい、「同《おな》じ国《くに》」「同《おな》じ言語《げんご》」とくくってしまいがちだけど、その中《なか》にいる一人《ひとり》ひとりはすべてちがう人《ひと》だもんね。

キミだって、ほかの人《ひと》とひとくくりにされたらイヤじゃないかな？「キミらしさ」がなくなってしまうような気《き》持《も》ちがするよね。

友《とも》だちと共感《きょうかん》しあったり、共通《きょうつう》するところがあるのはうれしいよね。

うん。でも、「同《おな》じ人《ひと》」としてまとめられちゃうと、そうじゃないんだよなあって思《おも》うな。

「文《ぶん》化《か》は個《こ》人《じん》の中《なか》にある「個《こ》の文《ぶん》化《か》」とは、どういう意《い》味《み》か？

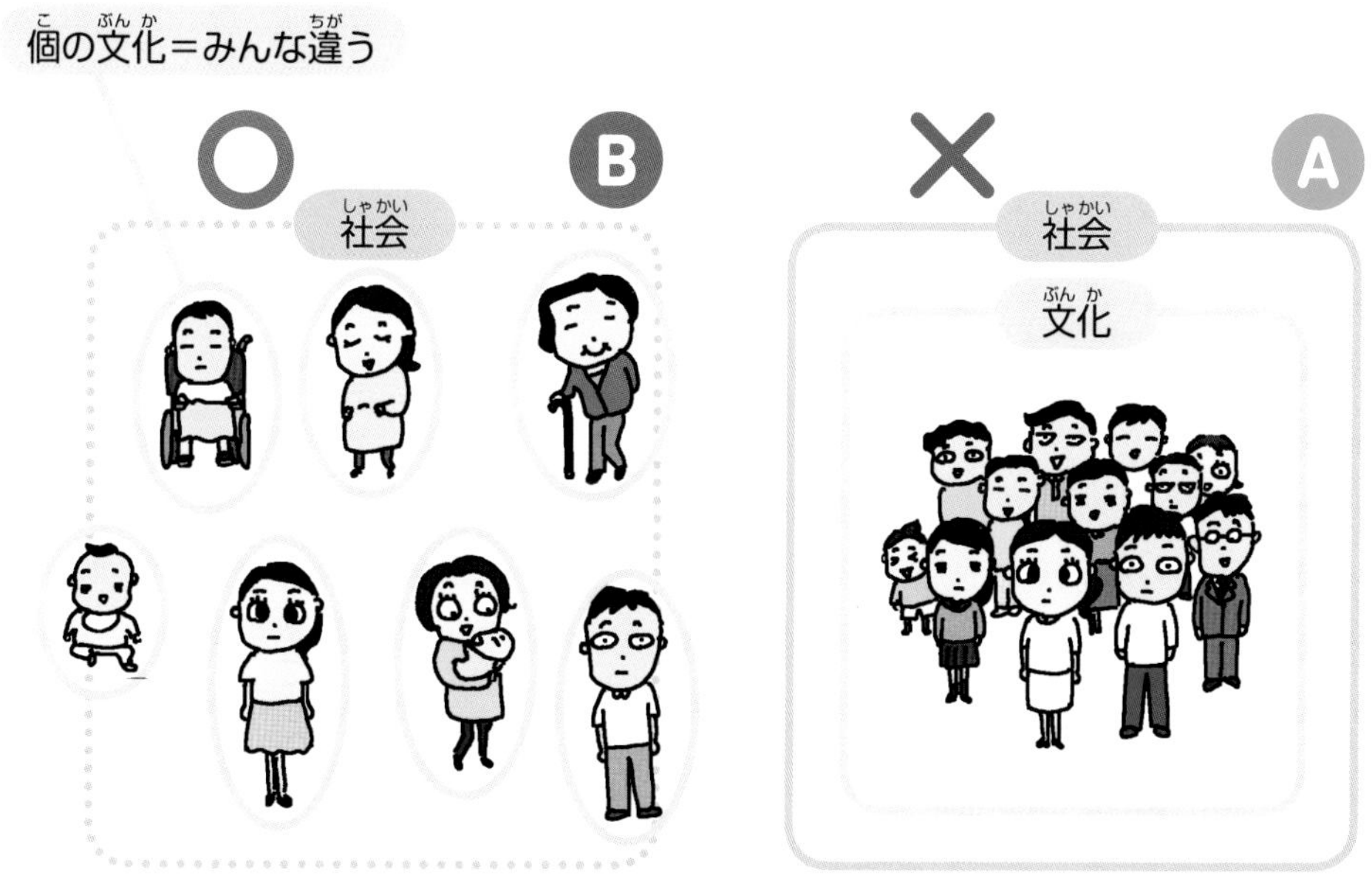

Aのように、社会《しゃかい》の中《なか》に人々《ひとびと》がいて、その人々《ひとびと》共通《きょうつう》の文化《ぶんか》があるのではない。Bのように、枠組《わくぐ》みがあいまいな社会《しゃかい》の中《なか》にいろんな人《ひと》がいて、その一人《ひとり》ひとりが「個《こ》の文化《ぶんか》」を持《も》っているということ。

「同《おな》じ個《こ》人《じん》」はいないからこそ、「対《たい》話《わ》」が大《だい》事《じ》

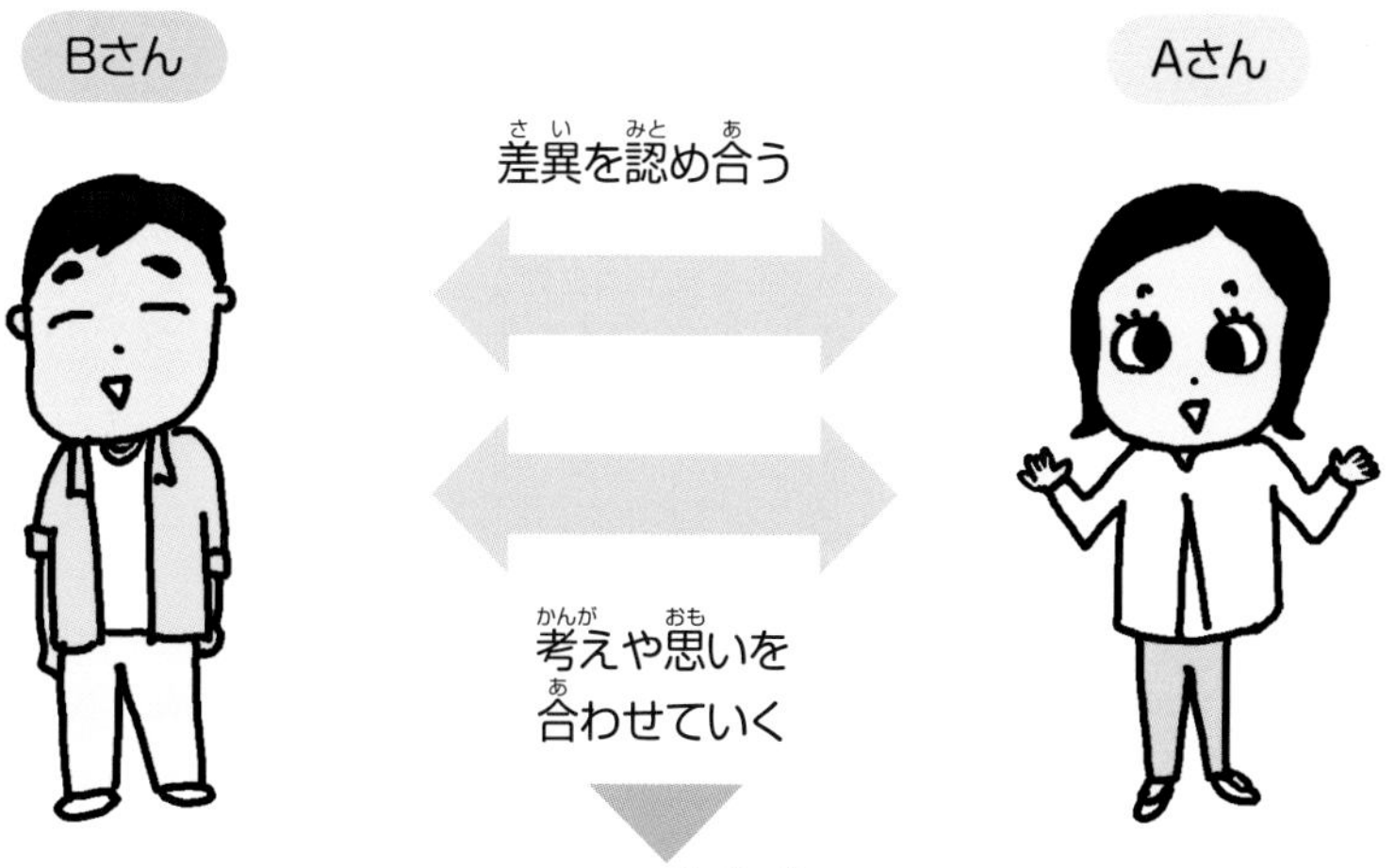

これが「対話《たいわ》」！

「対話《たいわ》」を経《へ》て、それぞれがこの世界《せかい》でどう生《い》きるかを考《かんが》える。
それが「対話《たいわ》」の意義《いぎ》！

論説《ろんせつ》

8

脱《だつ》システムという批《ひ》評《ひょう》性《せい》

『新《しん》・冒《ぼう》険《けん》論《ろん》』角《かく》幡《はた》唯《ゆう》介《すけ》 集英社《しゅうえいしゃ》インターナショナル

冒険が批評だといわれても、多くの人は、はい？　と首をひねるかもしれない。批評というのはあくまで言論《げんろん》活動であり、身体の行動である冒険とは行為形態が異なるように思えるからだ。しかし冒険にはまぎれもなく批評的性格がある。それもかなり挑発《ちょうはつ》的な批評性だ。

（中略）

帰還した冒険者が公衆に対して何を報告し、どのようなことを明らかにするのかちょっと考えてみよう。脱システムした冒険者は境界を越えてシステムの外側に出ることで、外側からシステムの内側を見るという視点を獲得している。月に向かったアポロの乗員《じょういん》が地球の丸い輪郭線を目《ま》の当たりにしたのと同じように、外側に飛び出した冒険者も内側

「冒険者《ぼうけんしゃ》」の呼《よ》び名《な》
帰還《きかん》した（帰《かえ》ってきた）冒険者《ぼうけんしゃ》は、「脱《だつ》システムした」と書《か》かれているね。この「脱《だつ》システム」はキーワードだよ。

タイトルが『新《しん》・冒険論《ぼうけんろん》』だから、冒険《ぼうけん》についての新《あたら》しい考《かんが》えを述《の》べるのかな？

冒険《ぼうけん》って、危険《きけん》なところに挑戦《ちょうせん》したりするんだよね。

冒険者《ぼうけんしゃ》はどういう人《ひと》なのか？

冒険者《ぼうけんしゃ》は、冒険《ぼうけん》していない人《ひと》とはちがう点《てん》が三《みっ》つあるよ。ここはチェックしておこう。

ここ重要《じゅうよう》な一文《いちぶん》！

冒険《ぼうけん》によって、外《そと》から内《うち》を客観的《きゃっかんてき》に見《み》ることができるということ。次《つぎ》のページでも説明《せつめい》するよ。

を眺《なが》めることで、必然的にシステムの境界線を発見する。

そして帰還した冒険者が公衆に向かって報告するのは、冒険の成果だけではなく、じつは彼が外側から目撃《もくげき》した現代システムの全体像でもある。というのも冒険を報告するということは、とりもなおさず冒険によって越えられたシステムの境界線を明示《めいじ》することでもあるからだ。普段は見えてないけど、じつはここにシステムの境界線があって僕はここを越えたんですねと示すことで、冒険者は現代システムの限界と内実をさらけ出すのである。つまり冒険には、外側に出ることで内側にいるだけでは気づかないシステムの現実を明らかにするという性格があることになる。システムの内側にいる者は、システムの外側に出た者の行動を知ることではじめて、システムの限界がどこにあるのかということ、いやそれ以前に自分たちがそのようなシステムの管理下《かんりか》にあったことにはじめて気づかされる。それが冒険の批評性である。

「冒険《ぼうけん》とは、批評《ひひょう》する行為《こうい》である」というのが、筆者《ひっしゃ》の主張《しゅちょう》

《冒険《ぼうけん》が批評《ひひょう》だというと、多《おお》くの人《ひと》は否定《ひてい》するだろう。今《いま》からわたしが「冒険《ぼうけん》は批評《ひひょう》である」ことを論証《ろんしょう》してみせよう！》というのが筆者《ひっしゃ》の意気込《いきご》み。

それについて例《れい》を挙《あ》げて述《の》べて、最後《さいご》に、「それが冒険《ぼうけん》の批評性《ひひょうせい》である」と締《し》めくくっているんだ。

つまり、多《おお》くの人《ひと》には賛成《さんせい》されないような考《かんが》えを、自分《じぶん》で論証《ろんしょう》している文章《ぶんしょう》ということだよ。

「脱《だつ》システム」とはどういうことか？

「社会《しゃかい》」というシステム

ふだんは、システムの中《なか》（内側《うちがわ》）で暮《く》らしている。

出《で》る

冒険《ぼうけん》

システムの外《そと》に出《で》る

▼

システムを脱《だっ》する

▼

「脱《だつ》システム」

冒険《ぼうけん》とは、危険《きけん》なことに挑戦《ちょうせん》するというだけではなく、日常的《にちじょうてき》な「社会《しゃかい》」というシステムから脱《だっ》して、非日常《ひにちじょう》の体験《たいけん》をすることでもある。

筆《ひっ》者《しゃ》の言《い》う「冒《ぼう》険《けん》の批《ひ》評《ひょう》性《せい》」とは？

冒険《ぼうけん》

システムの外《そと》に出《で》ると、客観《きゃっかん》的《てき》に見《み》ることができるので、システムのいいところ・悪《わる》いところを冷静《れいせい》に分析《ぶんせき》できる

▼

批評《ひひょう》できる

▼

「冒険《ぼうけん》」自体《じたい》が批評性《ひひょうせい》を持《も》っている

見《み》る

「社会《しゃかい》」というシステム

社会《しゃかい》というシステムの中《なか》にいると、システムを客観的《きゃっかんてき》に見《み》ることができない。

▼

適切《てきせつ》な批評《ひひょう》ができない

冒険《ぼうけん》とは、脱《だつ》システムであり、非日常《ひにちじょう》であり、批評性《ひひょうせい》がある、というのが、筆者《ひっしゃ》の主張《しゅちょう》。

コラム

評論文《ひょうろんぶん》・論説文《ろんせつぶん》によく出《で》てくる言葉《ことば》

評論文《ひょうろんぶん》や論説文《ろんせつぶん》によく出《で》てくる、ちょっと難《むずか》しい言葉《ことば》。自分《じぶん》では使《つか》えなくても、なんとなくの意味《いみ》は知《し》っておくといいよ。

対義語《たいぎご》

抽象《ちゅうしょう》（物事《ものごと》のある性質《せいしつ》を抜《ぬ》き出《だ》して理解《りかい》すること） ⇔ **具象《ぐしょう》（具体《ぐたい》）**（はっきりと形《かたち》を持《も》っていること）

合理《ごうり》（物事《ものごと》の法則《ほうそく》や道理《どうり》にかなっていること） ⇔ **非合理《ひごうり》**（物事《ものごと》の法則《ほうそく》や道理《どうり》にかなっていないこと）

主観《しゅかん》（自分《じぶん》だけの考《かんが》え方《かた》や感《かん》じ方《かた》） ⇔ **客観《きゃっかん》**（第三者《だいさんしゃ》の立場《たちば》で考《かんが》えたり見《み》たりすること）

絶対《ぜったい》（比較《ひかく》したり対立《たいりつ》したりするものがないこと） ⇔ **相対《そうたい》**（ほかのものとの関係《かんけい》で成《な》り立《た》つこと）

類義語《るいぎご》

普遍《ふへん》（すべてに共通《きょうつう》していて、例外《れいがい》がないこと） ≒ **一般《いっぱん》**（ごく当《あ》たり前《まえ》であること、同《おな》じであること）

差異《さい》（ほかのものとはちがうところ） ≒ **相違《そうい》**（二《ふた》つのものに、差《さ》やちがいがあること）

観念《かんねん》（ものごとに対《たい》する考《かんが》え） ≒ **概念《がいねん》**（ものごとの本質《ほんしつ》をとらえる考《かんが》え）

消費《しょうひ》（つかうこと） ≒ **浪費《ろうひ》**（ムダにつかうこと）

なんでも大人《おとな》の方《ほう》が
できると思《おも》わなくて
いいんだね！

論説《ろんせつ》

9

子供《こども》の描《か》く絵《え》は大人《おとな》には描《か》けない

『感性《かんせい》は感動《かんどう》しない』所収《しょしゅう》「子供《こども》の絵《え》」椹木野衣《さわらぎのい》

世界思想社《せかいしそうしゃ》

子供の描《か》く絵を見ていると、思わず「いいな！」と声に出してしまうことがあります。立派な美術では、ほぼそんなことはありません（ごくたまにはあります）。でも子供の絵は、本当にいいのです。

（中略）

まずわかったのは、大人が子供のように描こうとしても、絶対に同じようには描けない、ということです。それは「幼い」というのとは決定的に違っているのです。試みに、息子の描いた絵を真剣に模写《もしゃ》してみました。単純きわまりない線だけの絵です。ところが、これがひどくむずかしいのです。

なぜでしょうか。大人には子供のような感性がもう失われて久しいからでしょうか。いや、ぜんぜんそういうことではないのです。

わかったのは、もっと単純なことでした。まず、子供は大人に比べて、手が圧倒的《あっとうてき》に小さいのです。子供はその小さな手に特段《とくだん》に小

大人《おとな》は、子供《こども》の絵《え》をうらやましいと思《おも》っている

筆者《ひっしゃ》は、子供《こども》の絵《え》を「本当《ほんとう》にいい」と思《おも》っている。それは、「かわいいねえ～、じょうずねえ～」という意《い》味《み》ではなく、心《こころ》から思《おも》っているんだ。

それはなぜか。筆者《ひっしゃ》は「大人《おとな》は子供《こども》のようには描《か》けない」と言《い》っているんだ。つまり、子供《こども》にしか描《か》けない絵《え》があるから。

だから、子供《こども》の絵《え》に対《たい》して、あこがれやうらやましさがあるのかもね。

自由《じゆう》な子供《こども》VS 常識《じょうしき》にとらわれた大人《おとな》

子供《こども》は、「丸《まる》はこうでなくてはいけない」と思《おも》っていないから、自由《じゆう》に描《か》けるけれど、大人《おとな》は「丸《まる》とはこういうもの」と知《し》っているから、そこから自由《じゆう》になれないんだね。

そうなんだ！　いつも「線《せん》がきれいに描《か》けなくていやだなあ」と思《おも》っていたけど、それは大人《おとな》から見《み》たらいいことなんだ！　なんだか自信《じしん》がついてきた！

さくもない筆記用具を持って、紙に線を引きます。小さな手で描かれた線は、大きな手に筆記用具を持って描いた線とは、これはもう物理的にスケール感が違っているのです。たとえば同じ丸を描こうとしても、子供ならすらすらと描ける小さな丸でも、同じサイズの丸を大人が描こうとすると、ひどく窮屈《きゅうくつ》なのです。だから模写しようとしても、スピード感がないし、だいいちぎこちない。しかも、子供の描く丸は大きさがまちまちです。およそ統一感というものがない。なかには丸かどうか迷うようなものもあります。大人はどうしても丸という概念《がいねん》を基準にそれを崩《くず》そうとしますから、やっぱり同じにはなりません。

これに加えて筆圧《ひつあつ》があります。子供は握力《あくりょく》も乏《とぼ》しく、筆記用具の握り方も、紙への力の掛《か》け方も非常に不安定で、言い換えれば均質《きんしつ》ではありません。この力の抜き差しが、大人にはどうしても真似《まね》ができないのです。スーッと引かれたただの一本線でも、同じ線を引こうとすると、微妙に濃さや折れ具合や速さが変わる子供の線は、単純なようでいて恐ろしく複雑です。

ここ重要《じゅうよう》な一文《いちぶん》！　「均質《きんしつ》」はキーワード！

とにかく、一事が万事《ばんじ》こうなのです。子供の絵は、こうした複雑きわまりない丸や線の集積からできています。線でさえそうなのですから、無数の毛を束《たば》ねた筆のような面の描写《びょうしゃ》が加わると、事態は

「こうした絵《え》」＝「大人《おとな》では計《はか》り知《し》れない細部《さいぶ》を持《も》つ絵《え》」

「こうした」という指《し》示語《じご》がさす内容《ないよう》については、きちんと読《よ》み取《と》っておこう！

対比的《たいひてき》な言葉《ことば》を整理《せいり》しよう！

・均質《きんしつ》
・抑制《よくせい》
←教育側《きょういくがわ》の言葉《ことば》

・自由《じゆう》
・別《べつ》の権利《けんり》をもって動《うご》き始《はじ》める
←子供側《こどもがわ》の言葉《ことば》

勉強《べんきょう》も絵《え》も、両方《りょうほう》うまくできればいいのになあ。

もっと複雑になります。さらにここに色が加わります。こうして成り立つ子供の絵は、無垢《むく》な感性などではなく、絶対に変えることができない身体的な特性から、大人では計り知れない細部を持つ絵になっているのです。

ちょっと微妙な心境になるのは、こうした絵の魅力は義務教育を経《へ》るにしたがって、どんどんなくなっていくからです（からだの成長もあるでしょう）。でも、それは図画工作の教育の影響というより、子供が小学校に入って最初にならう「こくご」や「さんすう」の影響なのです。

こくごやさんすうの初等教育の特徴は、なによりもまず、均質なマス目のなかに文字や数字を入れることにあります。

（中略）

けれども、子供の絵は文字と区別されていません。子供が自由に描けば描くほど、一本一本の線や丸、三角、四角はそれぞれが別の権利をもって動き始めます。文字をきちんとマス目に収《おさ》めるということは、この能力を抑制してしまうのです。息子は最近やっと、マス目に文字をはみ出さずに収めることができるようになりました。喜ばしいことです。でも、本当のことを言うと、私はそれがどこかでちょっと残念《ざんねん》なのです。

ここ重要《じゅうよう》な一文《いちぶん》！

「子供《こども》は純粋《じゅんすい》だからいい」と思《おも》われがちだけど、絵《え》に関《かん》してはそうじゃない。純粋《じゅんすい》だからいい絵《え》が描《か》けるんじゃなくて、「身体的《しんたいてき》な特性《とくせい》（＝大人《おとな》よりも小《ちい》さい、成長《せいちょう》しきっていない）」によっていい絵《え》が描《か》けるということを言《い》っているよ。

なぜ「残念《ざんねん》」なのか？ 何《なに》が「残念《ざんねん》」なのか？

ここは、筆者《ひっしゃ》の思《おも》いが表《あらわ》れているところだから要注意《ようちゅうい》。

なぜ、何《なに》が、「残念《ざんねん》」なのか、次《つぎ》のページで考《かんが》えてみよう。

子供《こども》と大人《おとな》の絵《え》は、どうちがうか？

大人《おとな》

- 均質《きんしつ》
- 丸《まる》が窮屈《きゅうくつ》
- スピード感《かん》がなくぎこちない
- 概念《がいねん》を基準《きじゅん》にする
- 力《ちから》の抜《ぬ》き差《さ》しができない

↓

子供《こども》のように複雑《ふくざつ》には描《か》けない

子供《こども》

- 均質《きんしつ》じゃない
- 丸《まる》の大《おお》きさがまちまち
- 統一感《とういつかん》がない
- 力《ちから》の掛《か》け方《かた》が不安定《ふあんてい》
- 微妙《びみょう》に濃《こ》さや速《はや》さが変《か》わる

↓

単純《たんじゅん》なようで複雑《ふくざつ》

・手《て》（体《からだ》）が小《ち》さいからこそのスケール感《かん》
・計《はか》り知《し》れない細部《さいぶ》を持《も》つ自由《じゆう》な絵《え》になる

筆者《ひっしゃ》は、何《なに》が「残念《ざんねん》」なのか？

子供《こども》

←

義務教育《ぎむきょういく》、初等教育《しょとうきょういく》

マス目《め》に字《じ》を書《か》かなきゃ！

行《ぎょう》からはみ出《だ》さないように！

←

義務教育《ぎむきょういく》を受《う》けた子供《こども》

教育《きょういく》を受《う》けることで、「自由《じゆう》」な絵《え》ではなく、「抑制《よくせい》」された「均質《きんしつ》」な絵《え》になってしまう。
それを筆者《ひっしゃ》は「残念《ざんねん》」と言《い》っている。
（自由《じゆう》な絵《え》は、義務教育《ぎむきょういく》を受《う》ける前《まえ》の子供《こども》にしか描《か》けないから、それが描《か》けなくなるのが「残念《ざんねん》」）

論説《ろんせつ》
10

人間《にんげん》の時間《じかん》と虫《むし》の時間《じかん》のちがい

『昆虫《こんちゅう》という世界《せかい》―昆虫学入門《こんちゅうがくにゅうもん》』日高敏隆《ひだかとしたか》
朝日新聞出版《あさひしんぶんしゅっぱん》

　「時間」は比較的最近になって問題にされはじめたことかもしれないが、昆虫の死活に関わる要素を含んでいる。虫たちにとっての時間のうち、もっとも深刻な意味をもつのは季節である。

ここ重要《じゅうよう》な一文《いちぶん》！
「時間《じかん》」がテーマの文章《ぶんしょう》であり、なかでも「昆虫《こんちゅう》にとっての時間《じかん》」がテーマなんだよ。

虫《むし》たちにとって、季節《きせつ》は深刻《しんこく》な問題《もんだい》！
人間《にんげん》にとって「季節《きせつ》」があることはいいものだよね。でも、虫《むし》たちにとってはそうじゃない。つまり、季節《きせつ》の感《かん》じ方《かた》は人《ひと》と虫《むし》とではちがうと言《い》いたいんだね。

　とにかく熱帯は別として、温帯においては季節というものがあり、それが一定の順序でくりかえして一年のサイクルが形成されている。春から夏は生育の季節であり、植物が育ち、花が開き、実が結ぶ。秋には植物が枯《か》れはじめ、冬にはほとんどの植物が失われる。

　自然界の「生産者」は緑色植物であるから、その生産物を直接・間接に消費して生活している昆虫にとっては、植物の消長は大問題である。植物が枯れれば、多くの昆虫が、職ではなくて食を失う。するとそれらの虫をとらえて食う肉食性の昆虫（第二次消費者）もまた、獲物を失うことになる。こういう連鎖《れんさ》をつぎつぎに追ってゆくと、冬、植物が大部分枯れたとき、直接その植物を食うわけ

これは、「職《しょく》」と「食《しょく》」をかけたシャレかな？マジメな文章《ぶんしょう》の中《なか》にこういうのがあるとおもしろい！

ではない昆虫の多くを含めて、大部分の昆虫が姿を消すわけが理解できる。

（中略）

きびしい冬が去ると、ふたたび春がめぐってきて、花が咲き、鳥は歌い、そして昆虫も……と、われわれは思う。ところが昆虫たちの一年のサイクルは、それほど単純に牧歌《ぼっか》的なものではない。

夏になると、有名なオオムラサキが飛びはじめる。しかし、一カ月もすると、オオムラサキの雄姿《ゆうし》は消えてしまい、翌年の同じ時期まで、われわれはもはやその姿を見ることはない。

ミノウスバという、人にあまり知られていないが、どこにでもいる昼行性のガがいる。このガが飛びまわるのは、一年のうちで十一月はじめの約二週間だけである。

虫たちにはこういうものがじつに多い。それらの虫は、一年を三日ではないがせいぜいひと月で暮らしているように見えるのである。だがもちろん、そんなことは絶対にない。けっしていい男ではない彼らは、われわれとまったく同じく、一年をやはり一年で暮らしていく。

そこが彼らの時間の問題の一つの出発点なのだ。

覚《おぼ》えておきたい評論文《ひょうろんぶん》の原則《げんそく》

「Aだと思《おも》われているけれど、実《じつ》はBなのだ」というのは、評論文《ひょうろんぶん》の原則《げんそく》。

AとBをつなぐのは、「ところが」「だが」といった、逆説《ぎゃくせつ》の接続詞《せつぞくし》。

A	「きびしい冬《ふゆ》が去《さ》ると、〜そして昆虫《こんちゅう》も」	「一年《いちねん》を〜ひと月《つき》で暮《く》らしている」
	ところが	だが
B	「昆虫《こんちゅう》たちの〜牧歌的《ぼっかてき》なものではない」	「一年《いちねん》をやはり一年《いちねん》で暮《く》らしていく」

Bを言《い》うためのAであり、重要《じゅうよう》な内容《ないよう》はB！

論説《ろんせつ》 11

経《けい》済《ざい》と脱《だつ》経《けい》済《ざい》のちがいとは何《なに》か

『うしろめたさの人《じん》類《るい》学《がく》』松《まつ》村《むら》圭《けい》一《いち》郎《ろう》 ミシマ社《しゃ》

〈「経済」と聞いて、どんなことを思い浮かべるだろうか？〉

コンビニでお金を払ってチョコレートを買うことは、まぎれもなく経済活動のように思える。〈では、そのチョコレートをバレンタインの日に好きな人に贈《おく》ることは、経済活動に入るだろうか？〉

この行為は、ふつう「経済」とは異《こと》なる領域《りょういき》にあると考えられている。

「チョコレート」というモノが、同じように人から人へと動いていても、一方には「経済らしさ」があり、他方には「経済らしさ」がない。〈その「経済」のリアリティをつくりだしているのは、なんなのか？〉

ほんのささいな日常の行為のなかで、ぼくらが現実をつくりあっていることを、身近な「経済」の事例から確認していこう。

店で商品を購入するとき、金銭との交換《こうかん》が行われる。でも、バレンタインデーにチョコレートを贈るときには、その対価《たいか》が支払われることはない。好きな人に思い切って、「これ受けとってください」とチョコレートを渡したとき、「え？ いくらだったの？」と財布からお金をとり出

問《と》いかけには〈〉をつける
論説文《ろんせつぶん》では、筆者《ひっしゃ》の問《と》いかけ&答《こた》えが大事《だいじ》。この文章《ぶんしょう》には五《いつ》つの問《と》いかけが出《で》てくるから、〈〉をつけておこう。

たしかに！プレゼントしたのにお金《かね》を払《はら》われたら、ショックだなあ。屈辱《くつじょく》っていうより、気《き》持《も》ちをわかってもらえないことが悲《かな》しいかも。

ここ重要《じゅうよう》な一文《いちぶん》！
「経済《けいざい》」という言葉《ことば》から文章《ぶんしょう》がはじまって、ここでは、
・「経済《けいざい》らしさ」がある
・「経済《けいざい》らしさ」がない
という二《ふた》つを比較《ひかく》しているね。
これがこの文章《ぶんしょう》の大《おお》きなテーマになるよ。

バレンタインの例《れい》があるから、身近《みぢか》に感《かん》じて読《よ》めるかも。

「買《か》うもの」と「もらうもの」はどうちがうかってことだね。
家《いえ》の手伝《てつだ》いをしてお小遣《こづか》いをもらうのは「経済《けいざい》」なのかなあ。

この文章《ぶんしょう》における「きまり」とは？

「きまり」は、文章《ぶんしょう》全体《ぜんたい》のキーワードだよ。この後《あと》の文章《ぶんしょう》でそれがわかるから、「どんなきまりなのか」を読《よ》み取《と》ってみよう。

されたりしたら、たいへんな屈辱《くつじょく》になる。

贈り物をもらう側も、その場では対価を払わずに受けとることが求められる。このチョコレートを「渡す／受けとる」という行為は贈与《ぞうよ》であって、売買《ばいばい》のような商品交換ではない。だから「経済」とは考えられない。

では、ホワイトデーにクッキーのお返しがあるとき、それは「交換」になるのだろうか。この行為も、ふつうは贈与への「返礼」として、商品交換から区別される。たとえほとんど等価《とうか》のものがやりとりされていても、それは売買とは違う。そう考えられている。

〈商品交換と贈与を区別しているものはなにか？〉

（中略）お店でチョコレートを購入したあと、そのチョコレートに値札《ねふだ》がついていたら、かならずその値札をはずすだろう。さらに、チョコレートの箱にリボンをつけたり、それらしい包装《ほうそう》をしたりして、「贈り物らしさ」を演出するにちがいない。

店の棚《たな》にある値札のついたチョコレートは、それが客への「贈り物」でも、店内の「装飾品《そうしょくひん》」でもなく、お金を払って購入すべき「商品」だと、誰《だれ》も疑わない。

〈なぜ、そんなことが必要になるのか？〉

ひとつには、ぼくらが「商品／経済」と「贈り物／非経済」をきちんと区別すべきだという「きまり」にとても忠実だからだ。この区別をとおして、世界のリアリティの一端《いったん》がかたちづくられているとさえいえる。

「商品《しょうひん》／経済《けいざい》」と「贈《おく》り物《もの》／非経済《ひけいざい》」の区別《くべつ》

ということは、「商品《しょうひん》・贈《おく》り物《もの》」「経済《けいざい》・非経済《ひけいざい》」が比較《ひかく》されているんだね。

「差異《さい》」とは、「他《ほか》のものとの異《こと》なる点《てん》」や「ものとものの違《ちが》いや差《さ》」を意味《いみ》しているね。

「経済《けいざい》」と「非経済《ひけいざい》」のグループ分《わ》け

ここまでをまとめてみると、
Ⓐ商品《しょうひん》／商品《しょうひん》らしくすること／経済《けいざい》／経《けい》済化《ざいか》
Ⓑ贈《おく》り物《もの》／贈《おく》り物《もの》にすること／非経《ひけい》済《ざい》／脱経済化《だつけいざいか》
という分類《ぶんるい》になるよね。
少《すこ》しずつ表現《ひょうげん》を変《か》えながら、この二《ふた》つの対《たい》比《ひ》を語《かた》っていたんだよ。

そして、それはチョコレートを購入することと、プレゼントとして贈ることが、なんらかの外的な表示（時間差、値札、リボン、包装）でしか区別できないことを示してもいる。

たとえば、バレンタインの日にコンビニの袋に入った板チョコをレシートとともに渡されたとしたら、それがなにを意図しているのか、戸《と》惑《まど》ってしまうだろう。でも同じチョコレートがきれいに包装されてリボンがつけられ、メッセージカードなんかが添《そ》えられていたら、たとえ中身が同じ商品でも、まったく意味が変わってしまう。ほんの表面的な「印」の違いが、歴然《れきぜん》とした差異を生む。

ぼくらは同じチョコレートが人と人とのあいだでやりとりされることが、どこかで区別しがたい行為だと感じている。だから、わざわざ「商品らしさ」や「贈り物らしさ」を演出しているのだ。

ぼくらは人とモノのやりとりを、そのつど経済的な行為にしたり、経済とは関係のない行為にしたりしている。Ⓐ「経済化＝商品らしくすること」は、Ⓑ「脱経済化《だつけいざいか》＝贈り物にすること」との対比のなかで実現する。

こうやって日々、みんなが一緒になって「経済／非経済」を区別するという「きまり」を維持《いじ》しているのだ。

好《す》きな人《ひと》にプレゼントするときは、すごく気《き》合《あ》いが入《はい》るもんね。反対《はんたい》に、そういう「印《しるし》」みたいなのが恥《は》ずかしくて、わざとそっけなくプレゼントすることもあるかも。

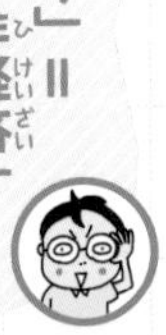

「きまり」＝「経済《けいざい》・非経済《ひけいざい》」を区別《くべつ》すること

ここで、何《なん》のことを「きまり」と言《い》っているかがわかるね。
この文章《ぶんしょう》での「きまり」とは、規則《きそく》という意味《いみ》よりも、習慣《しゅうかん》といった方《ほう》がいいかな。
わたしたちは、みんなそういう区別《くべつ》の仕方《しかた》をしているんだよ、ということだね。

人《ひと》とモノのやりとりは、実《じつ》は二《ふた》つある

A

経済《けいざい》（らしさがある）
経済化《けいざいか》
商品《しょうひん》

B

非経済《ひけいざい》
脱経済化《だつけいざいか》
贈《おく》り物《もの》（にすること）

お金《かね》が発生《はっせい》すれば、そのやりとりはA（経済《けいざい》）であることがわかるよね。つまり、AとBのちがいを明確《めいかく》にするのは「お金《かね》」という存在《そんざい》なんだ。

行為《こうい》として同《おな》じでも、「意図《いと》」がちがうことがある

両方《りょうほう》とも「チョコをもらう」という行為《こうい》としては同《おな》じ。
でもCは、「チョコをあげるけど代金《だいきん》ちょうだい」という意味《いみ》にとれるから、「A」かもしれない。Dは、自分《じぶん》のためにくれたプレゼントだから「B」。

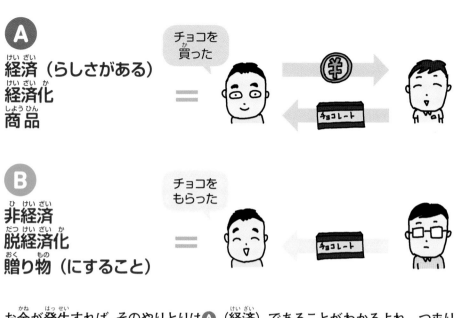

小説《しょうせつ》

12

人生《じんせい》を変《か》えるような出会《であ》いの瞬間《しゅんかん》

『約束《やくそく》』所収《しょしゅう》「夕日《ゆうひ》へ続《つづ》く道《みち》」石田衣良《いしだいら》

KADOKAWA《カドカワ》

「ちゃんと見てろ。ほんの何メートルか歩くだけで、おれはもうふらふらだ。みっともなくて、だらしないだろ。いつも兄ちゃんがいってた『バカらしい』って、こういうやつだ。だがな、人間、どんなにバカらしくても、やらなきゃならねえこともあるんだ」

老人は手すりを伝うように、身体をななめにしてじりじりと前進を始めた。夕日は半分ほど東京のぎざぎざの地平線に沈んでいる。目に痛いほどの赤さだった。手を伸ばせばトイレの扉《とびら》に届くところまできて、老人は背中越《ご》しにいった。

「雄吾、約束覚えてるな」

車椅子を押しながら、はいと雄吾は返事をした。涙で声が揺れないようにするのが精いっぱいだった。源ジイはいった。

登場人物《とうじょうじんぶつ》を整理《せいり》しよう

兄《にい》ちゃん＝雄吾《ゆうご》

老人《ろうじん》＝源《げん》ジイ

この二人《ふたり》が登場人物《とうじょうじんぶつ》だよ。

人《ひと》として大事《だいじ》なことを教《おし》えている

一見《いっけん》すると「バカらしい」けど、「やらなきゃならねえこともある」と教《おし》えているんだね。ということは、年上《としうえ》の人《ひと》が年下《としした》の「兄《にい》ちゃん」に言《い》っているんだ。「だがな」以下《いか》が、大《だい》事《じ》な内容《ないよう》だよ。

「約束《やくそく》」はキーワード

源《げん》ジイが言《い》っている約束《やくそく》とは、雄吾《ゆうご》が中学校《ちゅうがっこう》に通《かよ》って勉強《べんきょう》すること。これは物語《ものがたり》のキーワードだから、しっかりおさえておこう！

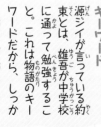

「おれが兄ちゃんにやってもらいたいのは、ただひとつだ。おれの看病でも廃品回収でもなく、そろそろ中学校にもどってくれ。兄ちゃんの親御《おやご》さんはインテリで、なにか理屈があるのかもしれねえが、やっぱり学校は大切だ。兄ちゃんは頭だっていいし、やさしいところもある。きちんと中学にいって勉強しろ。おれみたいになっちゃだめだ。ちゃんと勉強して、おれよりえらくなってくれ。世間を広く見て、おれやうちの息子より、立派な人間になってくれ」

源ジイはそういって、最後の一歩を足をひきずりながらすすんだ。男子便所の青い扉に指先がふれると、その場にへたりこんでしまう。雄吾はもうなにをしているのか、自分でもわからなくなっていた。泣きながら、老人を抱き起こし、車椅子に座らせる。

夕日が沈む窓のまえの長いすまで老人を押すと、雄吾は長いすに腰をおろした。ふたりは同じ夕焼けにむかって座った。源ジイはいう。

「来週から中学にちゃんといくんだぞ。きつかったら、休んで

ってことは、源《げん》ジイの仕事《しごと》は廃品回収《はいひんかいしゅう》で、今《いま》は病気《びょうき》なのかな?

源《げん》ジイがこう言《い》っているってことは、源《げん》ジイは雄吾《ゆうご》と血《ち》のつながったおじいちゃんではないんだね。

源《げん》ジイを見《み》て泣《な》いてる雄吾《ゆうご》は、源《げん》ジイを大切《たいせつ》に思《おも》っているんだね。

ここ重要《じゅうよう》な一文《いちぶん》!

源《げん》ジイは、足《あし》を悪《わる》くしているんだね。そして、歩《ある》くこともままならないくらいなのに、最後《さいご》の力《ちから》をふりしぼって歩《ある》いたんだ。
それは何《なん》のため?
だれのため?
99ページでくわしく説明《せつめい》するよ。

このシーンの情景《じょうけい》が目《め》に浮《う》かぶ!

源《げん》ジイは、車椅子《くるまいす》に乗《の》らず、必死《ひっし》に歩《ある》いて、歩《ある》き終《お》わったときに雄吾《ゆうご》が車椅子《くるまいす》に乗《の》せてあげたんだね。雄吾《ゆうご》は、自分《じぶん》のために、痛《いた》みをこらえて歩《ある》いた源《げん》ジイに感動《かんどう》しているんだ。

もいいけど、またちゃんと学校にもどるんだ。約束だからな」

　雄吾は涙をぬぐっていった。

「でも、そうしたら源ジイはまたひとり切りになる。身体だって不自由なのに」

「だいじょうぶだ。こっちはなんとでもなる。雄吾がいってたバカらしさな、あれは大人だってみんな同じように思ってるんだ。でも、そのバカらしさに正面から反対するのも、バカらしい。みんな、どこかで無理して、まわりに調子をあわせてるんだぞ。兄ちゃんもちょっとは大人のふりをしてみな」

　全身にあたる夕日は穏《おだ》やかなあたたかさを残してくれた。窓の外に広がるひとつひとつの建物に、それぞれの暮らしがあるのが不思議だった。


雄吾《ゆうご》は、源《げん》ジイのことを心配《しんぱい》しているんだね。

もしかしたら、中学校《ちゅうがっこう》に行《い》かずに源《げん》ジイのそばにいたのは、そのためもあったのかも。


源《げん》ジイを心配《しんぱい》する雄吾《ゆうご》と、雄吾《ゆうご》を心配《しんぱい》する源《げん》ジイの心《こころ》の交流《こうりゅう》がすてきだね。

家族《かぞく》とは違《ちが》う大人《おとな》が教《おし》えてくれたことは、雄吾《ゆうご》にとって一生《いっしょう》の財産《ざいさん》になるよね。

源《げん》ジイは「大人《おとな》になれ」と言《い》っている
雄吾《ゆうご》は、同級生《どうきゅうせい》のことも大人《おとな》のことも「バカらしい」と言《い》っているけど、あえて周《まわ》りに合《あ》わせることで「大人《おとな》になれ」と雄吾《ゆうご》に言《い》っているんだよ。

人物《じんぶつ》の感情《かんじょう》と自然《しぜん》が重《かさ》なっている
夕日《ゆうひ》のあたたかさとともに、雄吾《ゆうご》の心《こころ》もあたたかくなっているんだね。
感情《かんじょう》と自然《しぜん》を重《かさ》ね合《あ》わせるのは、和歌《わか》にも通《つう》ずる日本《にほん》の伝統芸術《でんとうげいじゅつ》の手法《しゅほう》だよ。

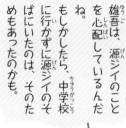

源《げん》ジイと雄《ゆう》吾《ご》の関《かん》係《けい》は？

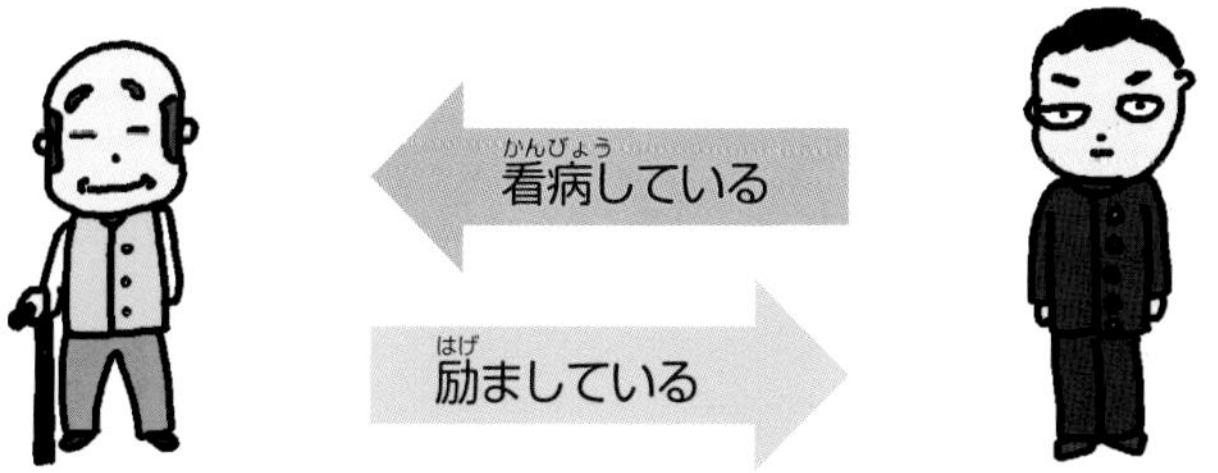

源《げん》ジイ

- 老人《ろうじん》
- 仕事《しごと》は廃品回収《はいひんかいしゅう》（その日暮《ひぐ》らし？）
- ひとりきり（家族《かぞく》はいない？）
- 身体《からだ》が不自由《ふじゆう》で歩《ある》けない
- 雄吾《ゆうご》のことを大事《だいじ》に思《おも》っている

雄吾《ゆうご》

- 中学生《ちゅうがくせい》
- 親《おや》はエリート
- 学校《がっこう》に行《い》っていない
- 源《げん》ジイの仕事《しごと》を手伝《てつだ》う
- 源《げん》ジイの看病《かんびょう》をしている
- 頭《あたま》がよくてやさしい
- 同級生《どうきゅうせい》に比《くら》べて冷《さ》めている

源《げん》ジイは、雄吾《ゆうご》が学校《がっこう》に行《い》きたくない気持《きも》ちはわかっている。でも、それでは雄吾《ゆうご》のためにならない。だから、「**やりたくないことでもやらなきゃいけないことがある**」ことを、身《み》をもって教《おし》えたんだね。

雄《ゆう》吾《ご》の気《き》持《も》ちの変《へん》化《か》を追《お》う

学校《がっこう》に行《い》きたくない
学校《がっこう》なんてバカらしい

↓

源《げん》ジイと知《し》り合《あ》って、廃品回収《はいひんかいしゅう》を手伝《てつだ》ったり看病《かんびょう》したりして、やりがいを感《かん》じた

↓

源《げん》ジイが痛《いた》みをこらえて歩《ある》くのを見《み》て、イヤなことから逃《に》げてはいけないとさとった

↓

「大人《おとな》のふり」をして、中学校《ちゅうがっこう》に通《かよ》って勉強《べんきょう》することに納得《なっとく》ができた

雄吾《ゆうご》は、親《おや》から「学校《がっこう》に行《い》きなさい」と言《い》われても行《い》く気《き》にならなかったのかも。信頼《しんらい》する源《げん》ジイが、身《み》をもって教《おし》えてくれたから、気持《きも》ちが変《か》わったんだね。

小説《しょうせつ》 13

人《ひと》との出会《であ》いによって人《ひと》は変《か》わっていく

『君《きみ》たちは今《いま》が世界《すべて》』朝比《あさひ》奈《な》あすか
KADOKAWA《カドカワ》

「めぐ美《み》」はどんな性格《せいかく》？
- 人気者《にんきもの》に声《こえ》をかけられてうれしい
- 「人気者《にんきもの》」の端《はし》っこ
- 学校《がっこう》が楽《たの》しくなってきた

もともとは目立《めだ》たない子《こ》だったけど、「ひなっち」のおかげで明《あか》るくなったんだね。

　小学三年生の新しいクラスで、同じ班になった「ひなっち」という子と仲良くなった。運動神経抜群で、男子より足が速いひなっちは、本など読まなかった。休み時間を告げるチャイムが鳴ると、真っ先に教室から飛び出してゆくような子だった。ドロケイでも脱走ゲームでもいつも大活躍のひなっちは、クラスの人気者だったから、そんな彼女に声をかけられて、嬉しかった。

　ひなっち、めぐ、と呼び合うようになった頃、めぐ美も彼女と同じく「人気者」というポジションの、端っこにいた。ひとりで本を読むのは寂しいこと、実際寂しくなくても、寂しそうに見られることだという考えを、めぐ美は自分に植えつけた。低学年の頃の自分は、大人数でわあっと盛り上がるノリには気後《きおく》れした。だけど、ひなっちに引っ張られて遊んでいるうちに、友達は自然と増えていったし、盛り上がることも楽しめるようになってきた。めぐ美は鬼ごっこやドロケイで活躍したし、友達から、友達の多い子だと思われるようになったら、

人《ひと》は常《つね》に変化《へんか》していく存在《そんざい》

主人公《しゅじんこう》のめぐ美《み》は、おとなしくて目立《めだ》たない性格《せいかく》だったけど、ひなっちに出会《であ》って明《あか》るくなったよね。

次《つぎ》にカナに出会《であ》い、ひなっちとカナを取《と》り合《あ》って勝《か》つくらいまでの性格《せいかく》になった。

つまり、**人《ひと》は人間関係《にんげんかんけい》によって変《か》わっていくもの**なんだ。

「これが自分《じぶん》」と決《き》まった性格《せいかく》があるわけではなく、人《ひと》との出会《であ》いによって性格《せいかく》が変《か》わり、**世界《せかい》も変《か》わっていく**。変《か》わっていく自分《じぶん》を楽《たの》しめるといいね！

学校が楽しくなった。その自信は、本からでは、得られないものだった。

ひなっちとめぐの間にカナが入り込んだのはいつ頃だったろうと思う。カナは当時の彼女のグループ内で色々と揉《も》めて、輪から飛び出し、なんとなくひなっちとめぐ美と三人で行動するようになったのだ。三人という関係性を巧《たく》みに操《あやつ》れるほど成熟していない九歳の少女たちは、愛憎《あいぞう》帯《お》びた幼稚なパワーゲームを始めるのが常《つね》だが、めぐ美とひなっちもカナを取り合うようになり、やがてめぐ美が勝ったのである。小学校四年生になると、めぐ美はほぼカナとふたり組で過ごすようになった。

そして、そのまま、今もカナとめぐ美は「親友」だ。

長い付き合いだから、カナの口癖《くちぐせ》が「でも」だというのは知っている。誰かが目立つと「でも」と必ず否定せずにはいられないカナの、あまりに大きな自尊心を、めぐ美は間近で見続けてきた。「でも」を言いたい相手は、髪型を変えた同級生の時も、朝会で挨拶をする上級生の時も、テレビに出ているアイドルの時も、ティーン雑誌のモデルの時もある。

カナの自尊心の強さを、めぐ美は見て見ぬふりをする。実際、なんでも強気で向き合っていくカナの「でも」には、説得力があるようにも思った。

親友《しんゆう》に「」がついているってことは、ふつうの親友《しんゆう》じゃないのかな？「親友《しんゆう》のふり」ってことなのかな？

カナのことを良《よ》く思《おも》いたい

「でも」が否定《ひてい》の言葉《ことば》ってわかっていても、めぐ美《み》はカナのことを悪《わる》く思《おも》いたくないから、「説得力《せっとくりょく》がある」言葉《ことば》ととらえているんだね。

ここ重要《じゅうよう》な一文《いちぶん》！

「自尊心《じそんしん》」とは、自分《じぶん》を高《たか》く評価《ひょうか》する気持《きも》ちのこと。めぐ美《み》は、カナはプライドが高《たか》いってことを知《し》っているけど、それを悪《わる》いことだとは思《おも》っていない。そういうふうにして、カナとの関係《かんけい》を続《つづ》けているってことだね。

仲《なか》のいい子《こ》のことは、悪《わる》く思《おも》いたくないもんね。そうしないと、友《とも》だちでいられない気《き》もするし……。

小説《しょうせつ》

14

相反《あいはん》する感情《かんじょう》をくみとる

『蜜蜂《みつばち》と遠雷《えんらい》』恩田陸《おんだりく》

幻冬舎《げんとうしゃ》

驚《おどろ》き1 推薦状《すいせんじょう》があるなんて！
ここではホフマンがどんな人《ひと》かはわからないけれど、その人《ひと》からの推薦状《すいせんじょう》がすごいものであることはわかるね。

あのユウジ・フォン＝ホフマンの推薦状！　このことに、二人がぶっ飛んでいないはずがない。

そういえば、ゆうべ三人で食事をした時、シモンが何か言いたげにもぞもぞしていたっけ。三人は、オーディションの前は一切《いっさい》候補者について話題にしないことを自分たちに課していたのである。

今更ながらに彼のモノ言いたげな表情がはっきりと脳裡《のうり》に蘇《よみがえ》る。

あの時、彼は、今年二月にひっそり亡くなったユウジ・フォン＝ホフマンについて話していた。その名は伝説的であり、世界中の音楽家や音楽愛好者たちに尊敬されていたが、本人は密葬《みっそう》を望み、とっくに近親者だけで葬儀を済ませていたのだ。

しかし、それでは収まらず、結局、ふた月後の月命日《つきめいにち》に、音楽家たちのあいだで、盛大にお別れの会が行われた。三枝子はリサイタルがあって参加できなかったが、その模様を撮ったＤＶＤを分けて

このシーンは音楽《おんがく》のオーディション
この4〜5行《ぎょう》あとに、音楽関係者《おんがくかんけいしゃ》のことが出《で》てくるから、ここでのオーディションっていうのは、音楽《おんがく》に関《かん》することかも。また、「候補者《こうほしゃ》について話題《わだい》にしない」というのは公平性《こうへいせい》を保《たも》つためなので、この人《ひと》たちは審査員《しんさいん》？

ホフマンは伝説《でんせつ》の人《ひと》
ホフマンは伝説《でんせつ》の音楽《おんがく》家《か》だから、その人《ひと》からの推薦状《すいせんじょう》に驚《おどろ》いたんだね。

ホフマンはイタズラとかおもしろいことが好《す》きだったみたいだね。「爆発《ばくはつ》」ってこわいけど、「美《うつく》しい爆弾《ばくだん》」だからワクワクするなあ。

もらっていた。

ホフマンは、遺言《ゆいごん》を残していなかった。何事にも執着《しゅうちゃく》しない彼らしかったが、そのお別れの会で、亡くなる前にホフマンが知り合いに残した言葉が話題になっていたという。

僕は爆弾をセットしておいたよ。

「爆弾？」

三枝子は聞き返した。謎めいていて伝説的で、巨大な存在ではあったが、実際のホフマンは茶目っ気もあり、飾り気のない人物だったのはよく知っている。それでも言葉の意味がよく分からなかったのだ。

僕がいなくなったら、ちゃんと爆発するはずさ。世にも美しい爆弾がね。

三枝子と同じく、ホフマンの近親者も聞き返したらしいが、ホフマンはそう言ってニコニコ笑うだけだったという。

三枝子は白っぽい書類を見ながらじりじりしていた。シモンとスミノフは、きっとホフマンの推薦状も目にしているはずだ。いったいどんな内容だったのだろう。

興奮のあまり、周囲がざわめいているのに気付くのが遅れた。

顔を上げると、ステージは空っぽだ。スタッフがステージを右往《うおう》

驚《おどろ》き② 爆弾《ばくだん》をセットした！

「爆弾《ばくだん》」というのは例《たと》えだとしても、なにかすごい仕掛《しか》けをホフマンが用意《ようい》していたということ。それは何《なん》だろう？

物語《ものがたり》の詳《くわ》しい内容《ないよう》は書《か》かれていないし、あらすじもないけれど、ここまでに出《で》てきた言葉《ことば》を丁寧《ていねい》に読《よ》み取《と》っていくと、なんとなく情景《じょうけい》やシーンの様子《ようす》は浮《う》かんでくるよね。これが読解《どっかい》する力《ちから》だよ！

そんなにすごい才能《さいのう》の持《も》ち主《ぬし》なら、やっぱり会《あ》ってみたいと思《おも》うよね。
でも、会《あ》うのがこわいっていう気持《きも》ちもわかるなあ。

左往《さおう》している。

カザマ・ジン。現れない？

三枝子はホッとしている自分を自覚した。

そうよ、やっぱり、こんな書類、何かの間違い。こけおどし。推薦状も何かの間違い。ホフマンだって、亡くなる前には弱っていたはず。ふと気弱になって推薦状を書いてみる気になっただけなんだわ。

が、舞台袖《ぶたいそで》にいたスタッフが無表情に声を張り上げた。

「次の候補者から、移動に時間が掛かっていて遅れているという連絡がありました。彼はいちばん最後に回しますので、あとの候補者を繰り上げて演奏します」

客席が静かになり、出番が早くなって明らかに動揺している赤いドレスの少女がおろおろした目で舞台に現れた。

なんだ。

三枝子はがっかりした。同時に、安堵《あんど》していることにも気付く。

カザマ・ジン。いったいどんな演奏をするのだろうか。

驚《おどろ》き3 えっ、来《こ》ないの？

驚《おどろ》きまくりの三枝子《みえこ》がここで三《みっ》つめの驚《おどろ》き。来《く》るはずの「カザマ・ジン」が来ない。カザマ・ジンは、たぶんオーディションの候《こう》補者《ほしゃ》の一人《ひとり》。この人《ひと》が来《こ》ないということは、どんな意味《いみ》があるのか？ 次《つぎ》のページで説明《せつめい》するよ。

ここ重要《じゅうよう》な一文《いちぶん》！

伝説《でんせつ》の音楽家《おんがくか》ホフマンが推薦《すいせん》したカザマ・ジンに対《たい》する、三枝子《みえこ》の複雑《ふくざつ》な気持《きも》ちを表《あらわ》しているね。

「推薦状《すいせんじょう》」「爆弾《ばくだん》」に、なぜ驚《おどろ》くのか？

ユウジ・フォン＝ホフマンとはどういう人《ひと》？

ホフマン

- ●亡《な》くなっている
- ●伝説《でんせつ》の人《ひと》（音楽家《おんがくか》）
- ●音楽家《おんがくか》たちに尊敬《そんけい》されていた
- ●遺言《ゆいごん》は残《のこ》していない
- ●謎《なぞ》めいていて、執着《しゅうちゃく》がない
- ●茶目《ちゃめ》っ気《け》があって飾《かざ》り気《け》はない

世界的《せかいてき》にすごい音楽家《おんがくか》なんだけど、その正体《しょうたい》はあまりよくわかっていない。

その人《ひと》が残《のこ》した「推薦状《すいせんじょう》」、「爆弾《ばくだん》」の意味《いみ》とは……

推薦状《すいせんじょう》

遺言《ゆいごん》も残《のこ》さない、何《なに》事《ごと》にも執着《しゅうちゃく》しない伝《でん》説《せつ》の人《ひと》が、わざわざ「推薦《すいせん》」するというのは、**よほどの相手《あいて》と**いうこと？

爆弾《ばくだん》

ホフマンの茶目《ちゃめ》っ気《け》がある性格《せいかく》を考《かんが》えると、人《ひと》を驚《おどろ》かすのが楽《たの》しいのかも。**もしかして推薦《すいせん》してるカザマ・ジンのこと!?**

なぜ、「がっかり」と「安堵《あんど》」という相反《あいはん》する感情《かんじょう》が起《お》こったのか？

三枝子《みえこ》

- ●オーディションの審査員《しんさいん》
- ●自身《じしん》も音楽家《おんがくか》
- ●ホフマンのすごさを知《し》っている
- ●カザマ・ジンの背後《はいご》のホフマンの存在《そんざい》を感《かん》じている

ホフマン

カザマ・ジン

- ●オーディションの候《こう》補者《ほしゃ》
- ●ホフマンが推薦状《すいせんじょう》を書《か》いてくれた？
- ●遅刻《ちこく》していて姿《すがた》を現《あらわ》していない
- ●「美《うつく》しい爆弾《ばくだん》」かも！

三枝子《みえこ》は、ホフマンのすごさも、ホフマンが推薦状《すいせんじょう》を書《か》くことの「価値《かち》」も、よくわかっている。
カザマ・ジンを意識《いしき》しつつも、その背後《はいご》にいるホフマンの存在《そんざい》も強《つよ》く意識《いしき》している。カザマ・ジンに会《あ》いたいと思《おも》う反面《はんめん》、そんなすごい人《ひと》を審査《しんさ》するプレッシャーもあり、「がっかり」と「安堵《あんど》」が共存《きょうぞん》している。

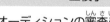

小説《しょうせつ》
15

主人公《しゅじんこう》の成長《せいちょう》の過程《かてい》を追《お》う

『城《しろ》のなかの人《ひと》』所収《しょしゅう》「三成《みつなり》」（部分転載《ぶぶんてんさい》） 星新一《ほししんいち》
KADOKAWA《カドカワ》

「家康めを討《う》ってまいります」

と三成《みつなり》は恩着せがましい感じで結んだ。秀頼《ひでより》は静かに感情を押えた口調で言った。

「それはごくろうなことです。みなと相談し、よろしきように」

そばの宮内卿《くないきょう》は、ひとりうなずいていた。

三成が拝謁《はいえつ》して二か月ほどたって、三成側の軍と家康側の軍とが、関ヶ原において激しい戦いをおこない、家康側が勝利をおさめたとのしらせが、大坂城内にとどいた。秀頼は宮内卿にそっと聞いた。

「いったい、三成はなにをやったのか」

「太閤《たいこう》さまのまねをなさり、失敗に終ったというわけでございましょう……」

太閤は若くして信長につかえ、その特異な才能をみとめられて出世した。信長の死後、時をうつさず、その幼君《ようくん》のためという旗印《はたじるし》をかかげて戦い、対立者を倒すのに成功した。

三成は才気をみとめられ、低い家柄ではあったが十歳の時に太閤に見いだされ、昇進をしながらずっと太閤のやりかたを見習ってきた。そのため影響を強く受け、

なんだか感情《かんじょう》のない言《こと》葉《ば》だなあ。どうしてそんな言《い》い方《かた》なんだろう？

「太閤《たいこう》さま」といえば豊臣秀吉《とよとみひでよし》のこと。秀頼《ひでより》は秀吉《ひでよし》の子供《こども》だよ。

目標《もくひょう》としてかかげる主《しゅ》義《ぎ》・主張《しゅちょう》のこと。

家康《いえやす》VS三成《みつなり》（秀頼《ひでより》）
三成《みつなり》が「家康《いえやす》め」と言《い》っているので、三成《みつなり》は家康《いえやす》を下《した》に見《み》て敵対《てきたい》視《し》している。その三成《みつなり》が秀頼《ひでより》に敬語《けいご》を使《つか》って話《はな》しているので、三成《みつなり》は秀頼《ひでより》に仕《つか》えている。この3行《ぎょう》で、これだけの関係性《かんけいせい》がわかるね。

関ヶ原《せきがはら》の戦《たたか》いがあったときの話《はなし》
三成《みつなり》と家康《いえやす》の戦《たたか》い、関ヶ原《せきがはら》、家康《いえやす》勝利《しょうり》、この三《みっ》つで1600年《ねん》の関ヶ原《せきがはら》の戦《たたか》いだということがわかるね。これで勝《か》った家康《いえやす》は、江戸幕府《えどばくふ》を開《ひら》いたんだね。

秀吉《ひでよし》の子供《こども》として生《う》まれたからには、むずかしい運命《さだめ》を背負《せお》っているのかな……。

ええ〜っ、秀頼《ひでより》って8歳《さい》なの!? 8歳《さい》にしてはすごいかも。

自信も持ち、太閤の人生を自分でなぞってみたいとの思いにとりつかれたのでは……。

八歳の秀頼には、その宮内卿の解説はよくのみこめなかった。しかし、旗印という言葉だけは、ふと頭にひっかかった。いや、ひっかかったどころか、以前から心のなかでもたついていたことを、それはすっきり整理してくれた。

あの時、三成がしゃべりつづけながらわたしにむけていた目つき。それを思い出した。そうだ。あれは肉体を持った人間への視線でなく、旗印を見るそれだった。もつれた糸がほどけかけてきた。秀頼は太閤のことを回想した。そういえば、あの目つきにもそれと共通したものがあった。自己の築きあげたもののすべて。それを後世に存続させるための旗印。その思いでわたしを見ていたのだろう。わが子に対する愛情の視線だけでなく……。

母がわたしを見る目にもそれがある。いつかお面をかぶって遊び、母の前でそれをはずした時、そこに微妙な変化があった。母上の人生におけるひとつの旗印として、わたしが存在する。そうわたしは見られているのだ。

あの悪夢にあらわれた首の顔にも、そんなところがあったな。うらむべき目標としての旗印。それをにらむ目つきだった。

一方、まだものごころのつかない幼い者が秀頼を見る目つき。城内に出入りする商人たちの秀頼を見る目つき。頭を下げる動作などいかにうやうやしくても、決して旗印をながめるそれではない。その人たちにとって秀頼は唯一《ゆいいつ》の人生のよりどころではないのだ。その差異を秀頼は知りはじめた。

関ヶ原の戦いが終ってまもなく、ふたたび家康は大坂城へやってきて、秀頼の

「旗印《はたじるし》」について考《かんが》えていた秀頼《ひでより》は、一《ひと》つの答《こた》えを得《え》た

「旗印《はたじるし》」とは、「このために戦《たたか》うぞ!」とみんなが心《こころ》を一《ひと》つにするための象徴《しょうちょう》のようなもの。

- 三成《みつなり》が秀頼《ひでより》を見《み》る目《め》が、旗印《はたじるし》を見《み》る目《め》と同《おな》じだったこと
- 母《はは》は秀頼《ひでより》を、何《なに》かの旗印《はたじるし》と見《み》ていること

これらに気《き》づいた秀頼《ひでより》は、「自分《じぶん》は一人《ひとり》の人間《にんげん》としてではなく、豊臣《とよとみ》家《け》の『旗印《はたじるし》』として必要《ひつよう》とされているのではないか」と考《かんが》えるようになったんだね。

前でとくいげに報告した。

「世を乱す者たちを、ことごとく討ちはたしました。ご安心くださいますよう……」

そして、合戦のありさまを話し、自己の実力を言葉のはしばしにちらつかせた。

しかし、秀頼は聞き終り、ひとこと言った。

「それはごくろうなことでした」

「石田三成はじめ、元凶たちを捕えてあります。いかがいたしましょうか」

それを聞きながら、秀頼は三成の目つきを思い出していた。わたしを勝手に旗印としてながめ、才気のおもむくまま、なにやら好きなように動き戦い、そして敗れたらしい人物のことを。

「みなと相談し、よろしきように」

秀頼は表情を変えることなく、気品のある口調で言った。家康はなにかとまどったような顔つきをしていた。秀頼に大きな動揺を期待していたのに、それがえられない。そんないらだちみたいなものが感じられた。

家康はなにか言い、ひとりで笑った。しかし、秀頼はそれにつりこまれることなく、家康を見ながら考えていた。この男の目つきにも、三成の視線に共通したなにかが感じられる。どのような目的の旗印として、わたしを利用しようと思っているのだろうか。

家康の去っていったあと、例によって、宮内卿は秀頼の応対のみごとさをほめた。

関白とはこのようなことなのだろうか。秀頼はそんなふうに考えてみるのだった。

ここでも、はじめの方《ほう》と同《おな》じように、感情《かんじょう》のない言《い》い方《かた》をしてるね。そういう話《はな》し方《かた》をしなきゃならない身分《みぶん》の人《ひと》だからかな。

天皇《てんのう》を補佐《ほさ》する政治《せいじ》のトップ。秀吉《ひでよし》は関白《かんぱく》だったんだよ。

「なんで、こんなに落《お》ち着《つ》いてるんだ…」家康《いえやす》は、三成軍《みつなりぐん》に勝《か》って三成《みつなり》たちを捕《と》らえていることを秀頼《ひでより》が知《し》ったら、びっくりするだろうと思《おも》っていたけど、秀頼《ひでより》は冷静《れいせい》だったんだね。予想《よそう》していたような、子供《こども》っぽい反応《はんのう》ではなかったから、とまどったんだよ。

家康《いえやす》にたいして、子《こ》ども秀頼《ひでより》ががんばっているって感《かん》じがするなあ。

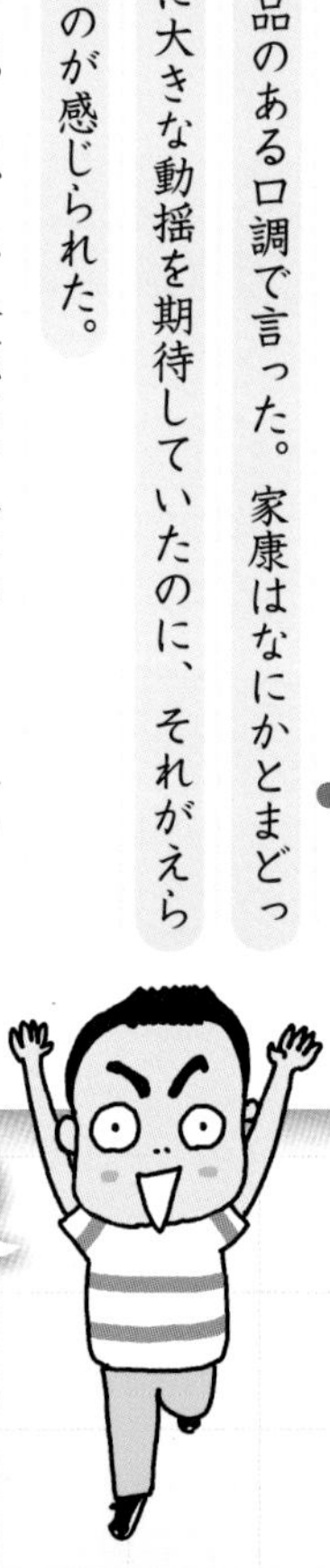

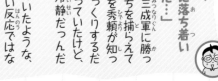

登場《とうじょう》人物《じんぶつ》たちの関係性《かんけいせい》を整理《せいり》しよう

対立《たいりつ》している家康《いえやす》と三成《みつなり》は、秀頼《ひでより》を守《まも》るために相手《あいて》を倒《たお》すという「旗印《はたじるし》」をかかげて戦《たたか》う。ただそれは表向《おもてむ》きのことで、実際《じっさい》は自分《じぶん》がトップに立《た》ちたいと思《おも》っている。

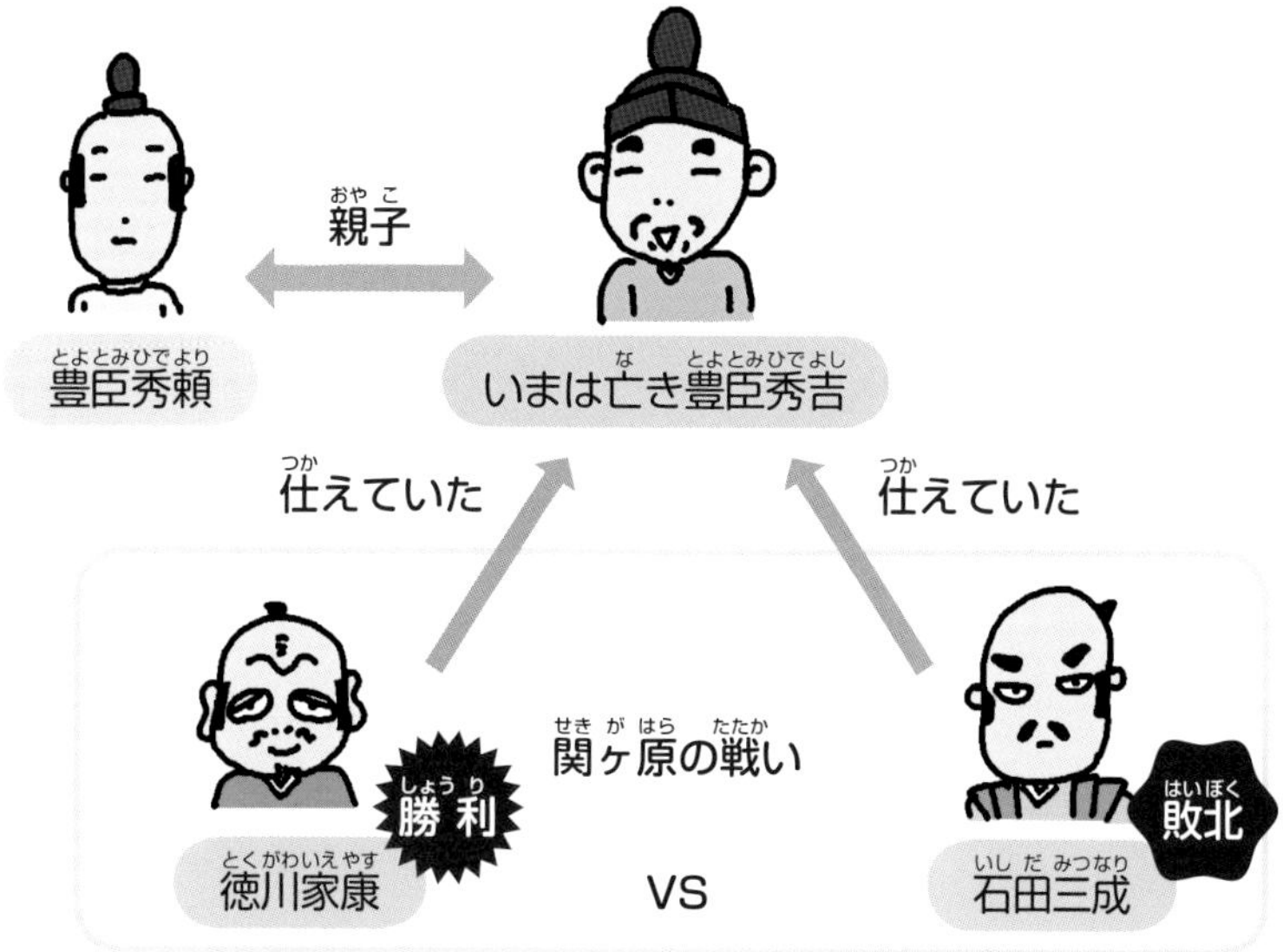

親子《おやこ》
豊臣秀頼《とよとみひでより》
いまは亡《な》き豊臣秀吉《とよとみひでよし》
仕《つか》えていた
仕《つか》えていた
関ヶ原《せきがはら》の戦《たたか》い
勝利《しょうり》
徳川家康《とくがわいえやす》
VS
敗北《はいぼく》
石田三成《いしだみつなり》

家康《いえやす》も三成《みつなり》も秀頼《ひでより》を味方《みかた》につけたくて、対立《たいりつ》している。戦《いくさ》をして勝《か》ったのは家康《いえやす》で、家康《いえやす》は秀頼《ひでより》に自分《じぶん》の力《ちから》を見《み》せつけようとしたけれど、秀頼《ひでより》が落《お》ち着《つ》いていたからひょうしぬけしちゃったんだね。

周《まわ》りの人《ひと》は、秀頼《ひでより》のことをどう見《み》ているか？

父《ちち》・豊臣秀吉《とよとみひでよし》
財産《ざいさん》を受《う》け継《つ》ぐ、
後継者《こうけいしゃ》としての「旗印《はたじるし》」
母上《ははうえ》
豊臣家《とよとみけ》の後継者《こうけいしゃ》を
育《そだ》てる人生《じんせい》の「旗印《はたじるし》」
悪夢《あくむ》の亡霊《ぼうれい》たち
豊臣家《とよとみけ》をうらむ
目標《もくひょう》としての「旗印《はたじるし》」
三成《みつなり》と家康《いえやす》
相手《あいて》を倒《たお》すための
「旗印《はたじるし》」
豊臣秀頼《とよとみひでより》

みんなボクのことは、一人《ひとり》の人間《にんげん》としてではなく、「旗印《はたじるし》」としてしか見《み》ていないんだ。っていうか、豊臣家《とよとみけ》の跡継《あとつ》ぎとして生《う》まれた以上《いじょう》、「旗印《はたじるし》」として覚悟《かくご》して生《い》きていくしかないんだ！
8歳《さい》にして人生《じんせい》をさとった秀頼《ひでより》クン。だから、落《お》ち着《つ》いてるんだね。

おわりに

最後《さいご》まで読《よ》んでみて、どうだったかな？　レベルが高《たか》い文《ぶん》章《しょう》ばかりだったけど、楽《たの》しく読《よ》めたかな？　最後《さいご》のページまで読《よ》めたことで、達成感《たっせいかん》を得《え》られたんじゃないかな。１冊《さつ》読《よ》み終《お》わるためには、たくさんの時間《じかん》がかかるよね。長《なが》い時間《じかん》、この本《ほん》を読《よ》むことに集中《しゅうちゅう》できたんだから、それだけでも自分《じぶん》で自分《じぶん》をほめてあげよう！

もしこの本《ほん》を読《よ》むことが、「ツライ勉強《べんきょう》」ではなく、「楽《たの》しい読書《どくしょ》」と思《おも》えたとしたら、キミには「読解力《どっかいりょく》」がついたと言《い》っていいと思《おも》うよ。

この本《ほん》を作《つく》って本当《ほんとう》によかったと思《おも》うのは、いい文章《ぶんしょう》を多《おお》く取《と》り上《あ》げられたこと。

たとえば、夏目漱石《なつめそうせき》や樋口一葉《ひぐちいちよう》、太宰治《だざいおさむ》などが書《か》いた文章《ぶんしょう》を、積極的《せっきょくてき》に読《よ》むことは人生《じんせい》のよろこびだ。文豪《ぶんごう》の文章《ぶんしょう》は、長《なが》く読《よ》み継《つ》がれているだけあって、あらたまった文章語《ぶんしょうご》とユーモアが共存《きょうぞん》する芸術的《げいじゅつてき》なものなんだ。

言葉《ことば》づかいが難《むずか》しいと思《おも》うかもしれないけれど、小学生《しょうがくせい》のうちからこういう文章《ぶんしょう》にふれておくと、キミの語彙力《ごいりょく》（言葉《ことば》の知《ち》識《しき》と使《つか》いこなす力《ちから》）と表現力《ひょうげんりょく》が豊《ゆた》かになるよ。

第《だい》2章《しょう》では、実際《じっさい》に中学《ちゅうがく》の入試《にゅうし》で出題《しゅつだい》された文章《ぶんしょう》を取《と》り上《あ》げているから、ちょっと読《よ》むのに努力《どりょく》が必要《ひつよう》だったかもしれないね。けれど、それがキミの思考力《しこうりょく》を引《ひ》き上《あ》げてくれるから、かなり力《ちから》が身《み》に付《つ》いたと思《おも》うよ。

スポーツでも、その競技《きょうぎ》が上手《じょうず》で、教《おし》え方《かた》も上手《じょうず》なコーチに教《おそ》わると上達《じょうたつ》が早《はや》いよね。

読解力《どっかいりょく》もそれと同《おな》じ。

いい文章《ぶんしょう》を読《よ》んで、ポイントを整理《せいり》した解説《かいせつ》を読《よ》んだら、キミの読解力《どっかいりょく》も格段《かくだん》に上達《じょうたつ》するよ。

この本《ほん》が、キミの読解力《どっかいりょく》のいいコーチになるといいな！

これからは自分《じぶん》でもポイントを整理《せいり》しながら文章《ぶんしょう》を読《よ》んでね！

【著者紹介】

齋藤 孝（さいとう・たかし）

1960年静岡県生まれ。明治大学文学部教授。専門は教育学、身体論、コミュニケーション技法。著書に『呼吸入門』『上機嫌の作法』『三色ボールペン情報活用術』『語彙力こそが教養である』（以上、角川新書）、『だれでも書ける最高の読書感想文』（角川文庫）、『カンタン！　齋藤孝の最高の読書感想文』（角川つばさ文庫）、『１日１ページで身につく！　小学生なら知っておきたい教養３６６』（小学館）、『声に出して読みたい日本語』（草思社）、『雑談力が上がる話し方』（ダイヤモンド社）、など多数。
本書シリーズに『小学３年生から始める！こども知識力1200 学習意欲が育ち、５教科に自信がつく』『小学３年生から始める！こども語彙力1200 考える力が育ち、頭がグングンよくなる』『自分で決められる人になる！　超訳こども「アドラーの言葉」』『絶対に負けない強い心を手に入れる！　超訳こども「ニーチェの言葉」』『無限の可能性を引き出す！　超訳こども「アインシュタインの言葉」』（以上、KADOKAWA）がある。
NHK Eテレ「にほんごであそぼ」総合指導。

「イミがわからない…」がなくなる！

こども読《どっ》解《かい》力《りょく》

2021年７月26日　初版発行
2024年10月30日　３版発行

著　者　齋藤《さいとう》　孝《たかし》

発行者　山下　直久

発　行　株式会社KADOKAWA
〒102-8177　東京都千代田区富士見2-13-3
電話　0570-002-301（ナビダイヤル）

印刷所　TOPPANクロレ株式会社

●お問い合わせ
https://www.kadokawa.co.jp/（「お問い合わせ」へお進みください）
※内容によっては、お答えできない場合があります。
※サポートは日本国内のみとさせていただきます。
※Japanese text only
定価はカバーに表示してあります。

978-4-04-605235-3　C6081